www.tredition.de

AF202955

Konstantin A. M. Kaufmann

Kaufmann deckt auf

Mafiöse Strukturen in der Bildungsbranche

www.tredition.de

© 2018 Konstantin A. M. Kaufmann

Verlag und Druck: tredition GmbH, Hamburg

ISBN
Paperback: 978-3-7469-1989-8
Hardcover: 978-3-7469-1990-4
e-Book: 978-3-7469-1991-1

WEHE JEDER ART VON BILDUNG, WELCHE
DIE WIRKSAMSTEN MITTEL WAHRER BILD-
UNG ZERSTÖRT UND UNS AUF DAS ENDE
HINWEIST, ANSTATT UNS AUF DEM WEGE
SELBST ZU BEGLÜCKEN!

Johann Wolfgang von Goethe (1749 - 1832)

FAKTEN

Sämtliche Begebenheiten und Ortsbeschreibungen sind authentisch. Die Namen aller beschriebenen Personen wurden geändert.

PROLOG

Mein Leben in den Fängen der Bildungsindustrie

Acht Jahre Arbeitsleben in Berlin-Neukölln

Es gibt Bildungsträger, bei denen es nur ums Geld geht. Die Qualität der Ausbildung spielt keine Rolle. Es geht u.a. um finanzielle Mittel, die über die staatlichen Einrichtungen wie Agenturen für Arbeit, Jobcenter u.ä. für entsprechende soziale und Bildungsbedürfnisse der Menschen an die Bildungsträger weitergereicht werden. Hiervon sollte eine gute Ausbildung, Lehrmaterialien, Gehälter für die Ausbilder, Sozialpädagogen und Dozenten finanziert werden. Allerdings werden diese Gelder oft zweckentfremdet eingesetzt. Oder der Quotenschlüssel für Sozialpädagogen auf die entsprechende Anzahl Auszubildende wird oft überschritten.

Weitere Beispiele sind hierfür die Bereicherung der Inhaber und Geschäftsführer oder auch der höheren

Hierarchien für den Selbstzweck. Es wird an Ausbildungsmaterial gespart, Räumlichkeiten werden mehrfach für unterschiedlichste Bildungsmaßnahmen geplant, aber auch Mitarbeiter werden in unterschiedlichste Maßnahmen gleichzeitig verplant, obwohl sie nur einmal an den Maßnahmeträger gemeldet wurden. Damit lassen sich Gelder mehrfach für eine Leistung abschöpfen. Das nenne ich Betrug und Missbrauch! Dies sind nur einige Beispiele der Misswirtschaft in der Bildungsindustrie.

Ich selbst habe beide Seiten kennengelernt. Bildungsträger, bei denen korrekt abgerechnet wurde, jeder Mitarbeiter seinen Arbeitsbereich kannte und auch sonst der Bildungsauftrag erfüllt wurde.

Aber ich musste, und das betraf die Mehrzahl der Bildungsträger, auch die andere Seite kennenlernen, wo gespart wurde, was das Zeug hielt.

Und das war der ausschlaggebende Punkt für mich, meine Erfahrungen in der Industrie der Bildungsträger niederzuschreiben.

KAPITEL 1

Meine Tochter hat einmal zu mir gesagt, dass sie keinen älteren 50-Jährigen kenne als ihren Papa. Den Kopf voller weißer Haare. Wie viele Männer in diesem Alter, die sich mit aller Macht jünger machen wollen, die Haare nicht länger als zwölf mm, mit einem kleinen Schnauzer und Kinnbart den Mund umschließend wird außerdem mit den Pfunden am Bauch gekämpft. Ich freue mich über jedes Gramm, das purzelt, und habe es bald geschafft. Ich lass mir doch nicht von meiner Tochter sagen, dass ich viel älter aussehe als ich bin. Wenn da nicht mein Rheuma wäre. Diese Schmerzen hin und wieder.

Und wer war schuld? Die eigenen Kinder? Die Ehefrau? Nein! Und wenn, dann nur zu zehn Prozent.

Meine Arbeit vielleicht? Auf jeden Fall!

Als ehemaliger Direktor eines Ausbildungshotels bin ich viele Jahre als Dozent und Sozialpädagoge für die überbetriebliche Ausbildung tätig gewesen. Als Erstes haben wir von unserem Arbeitgeber grundsätzlich nur

Jahresarbeitsverträge zum Mindestlohn bekommen. Ob wir also im September noch Arbeit haben, konnte uns im Mai noch keiner sagen. Im August, nach dem Jahresurlaub, wusste man frühestens, ob man Glück hatte oder nicht. Und das ganze wiederholte sich ca. vierzehn Jahre lang, wenn man die Zeit bei Bildungsträger außerhalb Berlin-Neuköllns mitzählt.

Aber war es auch wirklich Glück, noch ein Jahr dort bleiben zu müssen?

Ach ja, hatte ich schon erwähnt, dass sich mein viel „geliebter" Bildungsträger in Berlin-Neukölln befand?

An dieser Stelle kann ich nur betonen: Ob Herr Sarrazin und Herr Buschkowski mit ihren Büchern Recht haben oder nicht, will ich nicht beurteilen. Schließlich wohnen hier in Neukölln viele rechtschaffene Bürger mit multikulturellen Wurzeln. Aber ausgerechnet bei mir müssen all diejenigen Jugendlichen landen, die selbst ihre eigenen Landsleute nicht haben wollten. Die „Creme de la Creme"! Die meisten ohne Schulabschluss, einige von ihnen können trotz zehnjähriger Schulzeit weder richtig Lesen noch Schreiben. Genau wegen dieser Klientel habe ich mit 52 Jahren

noch einmal in Österreich im Fernstudium meinen Abschluss als   diplomierter Legasthenie / Dyskalkulie -
Trainer gemacht.

KAPITEL 2

„In den überbetrieblichen Ausbildungen bekommen junge Menschen, die sonst keine Chancen auf dem Markt haben, die Möglichkeit, eine Ausbildung zu absolvieren." Dieses sehr wahre Zitat stammt von Kirsten Spiewack, Leiterin des SOS-Kinderdorfs Berlin e.V.

Diese Jugendlichen fallen häufig durch einige Raster. Fehlende Schulabschlüsse, mangelnde Sprachkenntnisse oder ihr Alter machen es den Jugendlichen schwer, in „normalen" Betrieben Fuß zu fassen. Aber auch soziale Fähigkeiten wie Freundlichkeit, verbindlicher Umgang und Zuverlässigkeit müssten manches Mal erst erlernt oder „nachgeschliffen" werden. Das ist für viele eine echte Herausforderung, die sie mit viel Willenskraft und Anstrengung meistern.

Das erste Lehrjahr entpuppte sich grundsätzlich als Grundkurs im Sozialverhalten und war nicht selten hoffnungslos oder vergebens. Meine absoluten „Lieblinge" standen meist mit einem Bein im Knast, dealten mit Drogen oder waren obdachlos. Es wurde nie langweilig.

Zu lernen war die Begrüßung, der gegenseitige Respekt im Umgangston untereinander, aber besonders auch gegenüber dem Lehrkörper und Ausbildern.

Ein sehr großes Problem war die Anwesenheit. Jeden Morgen wurden Wetten abgeschlossen, ob der/die Eine oder Andere heute zur Ausbildung erscheinen würde.

Der Koch- und der Restaurantausbilder waren zufrieden, wenn die Damen oder Herren zwischen zehn Uhr und dreizehn Uhr kamen und ausgeschlafen hatten, um doch noch als anwesend registriert zu werden.

Man will ja gut dastehen vor dem Auftraggeber Jobcenter (das Thema Jobcenter wäre direkt ein zweites Buch wert). Die Hauptsache war: Der Bildungsträger verdient viel Geld.

Genau das hat mir als Sozialpädagoge und Hotelier nicht gereicht. Ich wollte Pünktlichkeit, Zuverlässigkeit, Fleiß, Sauberkeit.

Doch damit fühlten sich meine Azubis, aber auch die Ausbilder, die das Umsetzen sollten, zum großen Teil überfordert. Der Burgfrieden und die eigene Bequemlichkeit waren in Gefahr. Wenn Sie dann noch Vorgesetzte haben, denen die Ausbildungsinhalte unbekannt sind und die deshalb eine Fehlentscheidung nach der anderen treffen, kann trotz anfänglich 28 Azubis unterm Strich nicht viel mehr herauskommen, als ein einziger Facharbeiter. Und das mit Duldung des Jobcenters! Aber Hauptsache, das Geld fließt.

Und dennoch entwickelte ich mich zum Lieblings- und Vertrauenslehrer meiner Azubis. Komisch, was?

Auf meiner Stirn stand die unsichtbare Diagnose Mutter-Theresa-Syndrom – und das als Mann. Auweh!

Meine Azubis sagten zwar über mich, dass ich streng sei, viel fordere, aber dafür sei ich fair, vertrauensvoll und hilfsbereit. Es gab kein privates Problem, welches sie nicht mit meiner Unterstützung hätten weg lösen können. Es wurde keiner im Regen stehen gelassen.

KAPITEL 3

Ich wollte natürlich auch wissen, ob ich der einzige vom Staat finanzierte „Sklave" war und googelte im Internet. Es ist schon interessant, was man da alles so findet.

Zunächst mal die Erklärung dafür, was Bildungsträger sind und für wen sie geschaffen wurden.

Am Ende denkt ihr noch, ich übertreibe? Nein! Lest selbst:

„Wie (manche) Bildungsträger funktionieren
Ein Bericht von Uwe Dörwald

Bildungsträger, die die unterschiedlichsten Maßnahmen im Auftrag der Bundesagentur für Arbeit durchführen, haben einen Bildungsauftrag ihren Teilnehmern gegenüber und sie stehen ihrem Vertragspartner - der Agentur - gegenüber in der Pflicht ebenso wie den Teilnehmern in ihren Kursen. Die Agentur oder andere öffentliche Auftraggeber müssen sich darauf verlassen können, dass vertragskonform gearbeitet wird. Als Auftraggeber schließt die Agentur für Arbeit mit den Trägern Verträge über die Inhalte der Maßnahmen, die Ausstattung, die Umgebungsbedingungen, über die Berichtspflichten und vieles andere mehr.

Die Bildungsträger wissen also, ab dem Moment der Ausschreibung der Maßnahme, auf was sie sich einlassen, wenn sie sich an einer öffentlichen Ausschreibung beteiligen und erst recht, wenn sie den Zuschlag zur Durchführung einer Maßnahme erhalten. Sie sind sich darüber bewusst, dass ihre Arbeit mit öffentlichen Mitteln finanziert wird.

Nun gibt es seit einigen Jahren auf dem Markt der Bildungsträger einen überaus starken und teilweise ruinösen Verdrängungswettbewerb. Bedingt durch die Ausschreibungs- und Vergabepraxis der Arbeitsagentur und die relativ hohe Bewertung des Angebotspreises bei der Vergabe ist es häufig so, dass der günstigste Anbieter den Zuschlag für eine Maßnahme erhält. Das hat zur Folge, dass in den letzten Jahren die Preise gefallen sind. Mit diesem Preisverfall sind ebenfalls die Dozentenhonorare bzw. die Festgehälter der bei Trägern Beschäftigten kontinuierlich auf ein manchmal nicht mehr akzeptables bzw. erträgliches Maß gesunken, die Arbeitsbelastung der Dozenten ist in gleichem Maße gestiegen und an der materiellen Ausstattung für Maßnahmen wurde und wird gespart. Auch wird immer mehr administrative Arbeit auf Dozenten verteilt und Vorbereitungsstunden für Lehrkräfte gibt es schon längere Zeit nicht mehr. Es herrschen also teilweise Bedingungen, unter denen Lehrer nicht arbeiten würden bzw. gegen die eine Lehrergewerkschaft Sturm laufen würde.

Meistens und erstaunlicherweise *funktionieren* Bildungsträger dennoch. Dies hängt zu einem großen Teil am Engagement der Mitarbeiter, die meistens motiviert sind und ihre (soziale) Arbeit gerne machen. Denn sie sind in ihrem Berufsfeld angetreten, um den anderen Menschen etwas zu vermitteln oder um Betroffenen in schwierigen Lebenslagen und Krisen zu helfen. Teilweise haben die Mitarbeiter auch Angst um ihren Arbeitsplatz und bemühen sich deshalb, gute Arbeit zu leisten. Sie tun dies in dem guten Glauben, dass, wenn eine Maßnahme gut läuft, der Folgeauftrag der Agentur (hoffentlich) ebenso kommt wie die entsprechende Vertragsverlängerung für sie selber. Und: Den Mitarbeitern bzw. den Honorardozenten bleibt kaum etwas anderes übrig, als ihre Arbeit gut zu machen, weil sie (meist) auf den monatlichen Gehaltsscheck angewiesen sind.

Die Gesellschafter und Geschäftsführer der Träger wissen um diese Zusammenhänge und einige unter ihnen wissen auch, wie man noch aus dieser Situation guten Profit ziehen kann. Obwohl es einen starken Preisdruck gibt und gleichzeitig hohe Qualität vom Auftraggeber gefordert wird, suchen einige nach nicht immer ganz legalen Möglichkeiten der Gewinnmaximierung unter den gegebenen Umständen. Der erste Schritt ist, ökonomisches Denken einzufordern, meist auf Kosten der Inhalte und der Pädagogik.

Diese Möglichkeiten bestehen in der *kreativen* Interpretation von Verträgen oder darin, dass man seine Mitarbeiter vor Ort bewusst oder unbewusst im Unwissen über die Vertragsbedingungen lässt. Man teilt den Durchführenden der Maßnahmen die Rahmenbedingungen der Maßnahme immer nur mündlich mit und immer nur soweit, dass die minimalen Bedingungen erfüllt sind. Das, was (zusätzlich) in den bei der Ausschreibung einge-reichten Konzepten steht, die Teil des Vertrages sind, bekommen die wenigsten Mitarbeiter zu se-hen. Diese mangelnde Transparenz wird begrün-det mit der Angst vor dem Diebstahl geistigen Ei-gentums. Allerdings ist es, wenn die Dozenten, die Maßnahme-Konzepte nicht kennen, sondern nur die Verdingungs-unterlagen, so, als führten sie - um ein Bild zu gebrauchen - ein Theater-stück auf, ohne den Text zu kennen. Des Weite-ren macht man insbesondere den leitenden Mit-arbeitern meist in Einzelgesprächen klar, dass, wenn sie bei vermeintlich kleineren Nachlässig-keiten nicht mitspielen, damit zu rechnen ist, dass man beim nächsten Mal die Ausschreibung verlie-ren kann. Dies steht als subtile Drohung immer mit   im   Raum.

Und dann werden die Nachlässigkeiten institutionalisiert.

Man schließt nicht mit allen Ausbildern oder Lehrkräften Verträge über die gesamte Dauer einer Maßnahme, so dass man bei den Personalkosten sparen kann oder man deckelt das Budget für Fahrtkosten. Weiteres Einsparpotential liegt in folgenden Bereichen:

1. Man deckelt Maßnahmen mit einer maximalen Anzahl an Stunden, die für den Dozenten honorierbar sind.

2. Man stattet gewerbliche Maßnahmen mit veralteten Maschinen aus und spart generell an Verbrauchsmaterial.

3. Man liefert bestimmte sachliche Ausstattungen erst dann, wenn ihr Fehlen beanstandet wird, oder schiebt Ausstattungen zwischen verschiedenen Standorten hin und her. Die entstehenden Transport- und Koordinierungskosten sind günstiger als neue Maschinen. D.h. man *rechnet* damit, dass nicht alle Standorte gleichzeitig kontrolliert werden.

4. Man nutzt Räumlichkeiten doppelt – z.B. für verschiedene Kurse. D.h. die Raumkosten werden von der Agentur doppelt bezahlt, der Raum oder die Werkstatt ist aber nur einmal vorhanden. - Ein Beispiel: Da es in berufsvorbereitenden Bildungsmaßnahmen (BvB) Werkräume gibt, werden diese möglichst auch für andere Maßnahmen genutzt. Aber nur dann, wenn die Bildungsbegleiter in BvB es *schaffen,* die BvB Teilnehmer so zu planen, dass die Räume regelmäßig und tageweise nicht besetzt sind. D.h. man muss als Mitarbeiter die Werkstatt-Tage in BvB möglichst so organisieren, dass die Teilnehmer einen hohen Praktikumsanteil haben, egal ob dies pädagogisch sinnvoll ist. Dann kann man Ausbilder und Werkräume doppelt einsetzen. Der BvB-Ausbilder wird dann auch für andere Maßnahmen eingesetzt, statt sich innerhalb von BvB, wofür er ja einen Vertrag hat, um schwächere Teilnehmer kümmern zu können.

5. Man lässt bei Vermittlungsmaßnahmen (zum Teil oder komplett) Gruppenphasen ausfallen und macht meist nur Einzelberatungen mit dem Ziel, eine hohe Vermittlungsquote zu bekommen. Wird diese erreicht, sind alle zufrieden. An Teilnehmer, die nicht kooperieren, soll man keine Beratungszeit und -energien verschwenden. D.h.: Die Teilnehmer, die komplizierte(re) Probleme haben, kommen zu kurz oder werden als unkooperativ bezeichnet.

6. Vermittlungsmaßnahmen, bei denen bei inhaltlichen Defiziten des Teilnehmers auch Schulungsanteile vorgesehen sind, laufen so, dass die Dozenten diese Defizite meistens nicht feststellen (dürfen), so dass nicht geschult werden muss, oder die Defizite sind so groß, dass sie nicht zum Inhalt bzw. zu den Rahmenvorgaben der Maßnahme passen.

7. Bei Deutsch- oder Integrationskursen nutzt man das Maximum an Praktikumszeiten aus, obwohl die TN[1] sprachlich meist nicht

in der Lage sind, das Praktikum zu absolvieren und erhebliche sprachliche Mängel haben. Auf diese Weise bekommt man Räume frei und spart Honorarkosten oder auch Festgehälter ein, wenn ohnehin vorhandene Sozialpädagogen diese Maßnahmen zu einem gewissen Teil mit betreuen.

8. Man setzt Honorardozenten z.B. in BvB-Maßnahmen nur mit einem Minimum an Stunden, das aber oft nicht dem vorgegebenen Maß entspricht. Die Hauptsache ist, dass der Name des Dozenten mal im Klassenbuch auftauchte. Wichtig ist den Verantwortlichen bei den Trägern, dass die Personalmeldungen formell korrekt sind, aber gleichzeitig am realen Einsatz des Personals gespart wird.

9. Meist gibt es zu wenige EDV-Räume für die laufenden Maßnahmen, die gleichzeitig stattfinden. - Es bleibt dann dem Dozenten überlassen, die Zeit zu füllen, in der man nicht in den EDV-Raum kann. Jugendlichen aus entsprechenden Maßnahmen steht der

Raum meistens nur dann zur Verfügung, wenn er nicht anders genutzt wird.

10. FAZIT: Das kreative Einsparungspotential der Träger liegt also im Personal- und Sachbereich sowie bei der optimalen Planung und Belegung der Räume auf der einen Seite und auf der anderen Seite an mangelnder Kontrolle. Man kann sich in gewissem Grade sicher fühlen bei seinem Tun und Lassen.

Denn: Man macht dies alles oder kann es tun, weil auf Trägerseite das Wissen und die Erfahrung da ist, dass die Agentur relativ wenig tut, solange die Agentur vor Ort den Eindruck hat, die Maßnahme laufe gut. Die Messlatte, das Kriterium, das besagt, wann eine Maßnahme gut ist, bemisst sich ja meist und meist zu Recht am Output, also z.B. an den Vermittlungszahlen. Und dieser Output ist ja nicht schlecht, weil die für die Maßnahmedurchführung Verantwortlichen in der Regel sehr engagiert vorgehen. Und da sich auf der Seite der Träger meist schnell herum spricht, wann mit Besuchen und Kontrollen der Arbeitsagentur zu rechnen ist, ist bei diesen Prüfungen wie auch bei den Audits nach DIN ISO im Rahmen des geforderten Qualitätsmanagements meist alles in Ordnung. Die Prüfgruppen der Agentur sind personell nicht entsprechend ausgestattet, um Missstände zu finden und der Turnus, in dem geprüft wird, lässt den Trägern genügend Raum und Zeit, um Geld einzusparen.

Das geringe Gehalt, mit dem Dozenten, Ausbilder und Sozialpädagogen bei Bildungsträgern inzwischen auskommen müssen, hindert viele Mitarbeiter jedoch nicht daran, (hoch)motiviert zu arbeiten. Die meisten Mitarbeiter bei Trägern arbeiten allerdings weder für die Agentur noch für die Firma, mit der sie einen Arbeitsvertrag haben, sondern sie rechtfertigen ihre (gute) Arbeit für wenig Gehalt vor sich selbst damit, dass sie für die Teilnehmer versuchen, das Beste aus einer schlechten Situation herauszuholen. Viele Mitarbeiter von Bildungsträgern haben innerlich schon lange gekündigt. Eine Mitarbeiterin bei einem Träger beschrieb die Situation bei Bildungsträgern einmal mit folgenden Worten: "Bei Bildungsträgern gibt es nur zwei gute Positionen - entweder man ist hier Putzfrau oder der Laden gehört einem."

Die Frage, die sich stellt, ist die, wie man aus dieser Situation herauskommt, zum Vorteil aller Beteiligten. Eine Möglichkeit ist, die Präsenz der Agenturvertreter am Maßnahmeort zu erhöhen, also öfter zu schauen, ob die Maßnahme auch vertragskonform durchgeführt wird, was aufwendig und mit Stichproben nicht zu machen ist. Wenn Vertragsverstöße vorliegen, sollte man den Trägern, die gegen die Verträge verstoßen konsequenterweise erst die gelbe, dann die rote Karte zeigen und ihnen keine weiteren Maßnahmen geben. Man sollte so weit gehen, diese Träger vom Ausschreibungsverfahren auszuschließen. Das wäre auch ein positives Signal an Träger, die bisher immer engagierte und gute Arbeit geleistet haben.

Eine weitere Möglichkeit ist die, die Gründung von Trägern zu erleichtern, bei denen sich Kompetenzen sammeln. D.h. zum Beispiel die Gründung von Trägern zu erleichtern, die aus einem Zusammenschluss von Dozenten bestehen. Denn in der Regel haben die Dozenten, Ausbilder oder Sozialpädagogen die Fach- und Sachkompetenz hinsichtlich der Durchführung der Maßnahmen und nicht die Abteilungen der Träger, in denen Konzepte ersonnen und Angebote erstellt werden. Die Konzept- oder Marketingabteilungen wissen, welche Schlagworte in eine Ausschreibung gehören, aber sie wissen meist wenig von der Praxis. Das bedeutete, man ginge weg von einer Auftragsvergabe, die der Papierform entspricht, und hin zu einer Auftragsvergabe, wo die Fach- und Sachkompetenz liegt.

Hintergrund für dieses Vorgehen bzw. diese Möglichkeiten war, dass es keinen wissenschaftlichen Beweis dafür gibt, dass bei der Einführung ökonomischer Steuerungsmodelle - alle Mitarbeiter bei Trägern sind und werden von ihren jeweiligen Führungskräften angehalten, wirtschaftlich zu denken und (kundenorientiert) zu handeln[1] - in nicht-ökonomische Felder (Bildung) tatsächlich offene Märkte erzeugt und gesetzte Ziele besser erreicht werden als vorher.

Weshalb schreibe ich dies und warum existiert eine Art Mauschelei bei Bildungsträgern? Ich schreibe dies, weil diese Verhältnisse *System* zu sein scheinen, weil man dies nicht akzeptieren kann und weil *eine Erfahrung zur Sprache zu bringen, verhindert, dass wir nur ihre Opfer sind; wenn wir Worte dafür finden, entsteht eine erkennende Distanz, die wir als befreiend erleben.* Das bezeichnet die positive Macht der Sprache, ob schriftlich oder mündlich. Es gibt auch ihre negative Macht. Diese wird schnell dort wirksam, wo systematisch an den oben aufgeführten Stellschrauben gedreht wird und unverhohlen der wirtschaftliche Nutzen im Fokus steht. Im Bezugssystem des Arbeitgebers *Bildungsträger* ist kritisches Denken und Hinterfragen in den

[1] Dies kann auch heißen, bewusst über personelle oder sachliche Minderausstattung hinweg zu sehen, dies als systemimmanent hinzunehmen.

meisten Fällen weder erwünscht noch gefragt, man muss im Sinne des *Systems* funktionieren. Und das kann zu einer psychologischen Last werden, wenn man mitbekommt oder ahnt, dass auf diese Weise einiges nicht vertragskonform läuft. Man weiß andererseits aber auch, dass die viel gepriesene und immer in kritischen Situationen eingeforderte Loyalität einer Firma gegenüber ihre Grenze hat - das Maß ist so etwas wie die eigene ethische Disposition oder das Verständnis von Recht. Abgesehen davon: Was ist geforderte oder erzwungene Loyalität schon wert? Zumal man in diesem Zusammenhang bedenken muss, dass das Direktionsrecht des Arbeitgebers sich nicht über geltende Verträge und geltendes Recht hinwegsetzen kann. Insbesondere wenn ein höherwertiges Rechtsgut konkret gefährdet ist, ist der vermeintliche und unterstellte Bruch der Schweigepflicht nicht rechtswidrig. Das Einfordern von Loyalität bei Bildungsträgern - [Für wen arbeiten Sie eigentlich: für die Arbeitsagentur oder für uns? Mit der naheliegenden Antwort: Für die Teilnehmer! kommt man nicht weit.] - wird auf der Trägerseite oft dazu benutzt, Mitarbeiter unter Druck zu setzen, da die Mitarbeiter um die Unzulänglichkeiten und Missstände wissen oder diese ahnen. Von Arbeitgeberseite wird Loyalität oft verwechselt mit "Abhängigkeit" und "Obrigkeitsdenken", also dem Festhalten an getroffenen Vereinbarungen gegen besseres Wissen und Gewissen. Die Frage ist aber a) kann man sich außerhalb der gesetzlichen Regelungen stellen und b) ist die Treue gegenüber einer vermeintlichen Autorität höher zu bewerten als das Einhalten von Gesetzesvorschriften? Da der Treuepflicht (Loyalität) des Mitarbeiters die Fürsorgepflicht des Arbeitgebers entspricht und da Loyalität in so etwas wie einem übergeordneten Wertesystem verankert ist, ist Folgendes zu bedenken: Eingeforderte Loyalität, die stillschweigende Forderung nach dem Vertuschen von kleinen Unregelmäßigkeiten und die *systematische* Durchsetzung der Wirtschaftlichkeit mittels *kreativer Interpretation von Verträgen* rechtfertigen auf der Dozenten- und Mitarbeiterseite die Pflicht zur

Untreue, so der Missbrauch staatlicher Mittel offengelegt werden kann. Der Mitarbeiter hat also das Recht und die Pflicht zum Ungehorsam, sofern die Ausführung von Anweisungen übergeordnete Werte verletzen würde. Dies erfordert allerdings Mut und Zivilcourage und allzu oft werden Mitarbeiter, die mutig sind und gegen Mauscheleien vorgehen, kalt gestellt als Leute, die den wirtschaftlichen Erfolg des Unternehmens gefährden. Was ist diese Art wirtschaftlicher Erfolg wert?

Doch nun zurück zur Macht der Sprache. Die negative Macht der Sprache wird dort wirksam, *wo die Wörter das Verstehen verstellen und verhindern, statt es zu fördern. Dies geschieht, wenn Wörter zu leeren Worthülsen werden und Sätze zu Parolen gerinnen.* [Diese Art der Sprache, die nicht ohne stellenweise beeindruckende Suggestivkraft ist, beherrschen die Führungskräfte von Bildungsträgern meistens perfekt, müssen sie doch ihre Mitarbeiter gewinnen, auf Linie bringen und auf Linie halten.] *Sie (die Wörter) sind dann nicht mehr eingebunden in den logischen Raum von Begründung, Kritik und Revision, sondern ha-ben die unerbittliche Dumpfheit und Lautstärke von Fäusten, die auf den Tisch schlagen.* [Wer nicht mitzieht, kann gehen; es warten ja schließ-lich genug andere auf den Job.] *Und auch die lei-se Variante gibt es: scheinbar unauffällige, harm-lose Wendungen und Metaphern, die uns gefan-gen halten, ohne dass wir es merken. Dazu gehört auch die verlogene Sprache der Diplomatie mit ihren Euphemismen, Schönfärbereien und sanften Lügen.* Egal, wo dies stattfindet: *Hier wird alles getan, um kritisches Nachfragen und das Bedürf-nis des besseren Verstehens zu ersticken. Und: Neben Parolen gibt es noch eine andere Form, in der die Sprache das Verstehen und die Aufklä-rung verhindern kann: durch leeres Geschwätz und etwas, das man sprachlichen Schutt nennen könnte: klebrige Sprachgewohnheiten, tradierte Kategorienfehler* ("Die Agentur zwingt uns ja so zu handeln!"), *verrutschte Bilder, leer laufende logische Partikel, unerkannte Redundanzen und ganz allgemein: das Fehlen von sprachlicher*

Wachheit und Übersicht. Warum ist das ein Übel? Weil es die Sprecher von sprachlichem Müll zu bloßen Schauplätzen des Geredes und bloßen Durchgangsstationen für Geplapper macht statt zu wachen Personen, die in der sprachlichen Artikulation die Chance der Selbstbestimmung wahrnehmen. Das gilt auch für den Jargon von Cliquen, dem sich jeder fügen muss, der dazugehören will. Und es gilt auch, wenn die Cliquen angesehen und weitläufig sind und sich den Anstrich des Intellektuellen geben.

Die negative Macht der Sprache wird von manchen Verantwortlichen bei manchen Bildungsträgern bewusst oder unbewusst eingesetzt. Diese Erfahrung(en) haben viele Dozenten und Verantwortliche (nicht nur) in leitender Position bei manchen Bildungsträgern machen müssen. Man muss und kann diesen Dingen mit Sprache begegnen; denn sie macht uns zu denkenden Wesen. Und man muss diesen Verhältnissen bei Bildungsträgern begegnen und sich ihnen entgegenstellen, in dem man sie benennt, damit einige Menschen nicht mehr die Freiheit haben, zu tun, was sie für richtig halten.[2]

Am Ende war ich froh, das Alles gelesen zu haben. So wusste ich wenigstens, dass es Gleichgesinnte gab, und ich nicht der einzige „Trottel" war, der dies alles mit sich hat machen lassen.

[2] Für die kursiv gedruckten Passagen gilt mein Dank dem Philosophen Peter Bieri.

KAPITEL 4

Das Jahr 2010 – mein sechster Bildungsträger bei
dem ich Hoffnung hatte, dass ich hier einer vernünfti-
gen und sinnvollen Arbeit nachgehen kann. Wieso eigentlich mein sechster Bildungsträger? Das ist ganz
einfach: Die meisten Mitarbeiter, so auch ich, waren
immer nur für ein Jahr beschäftigt (Jahresverträge).
Die Richtlinien für die Durchführung von Maßnahmen
der Arbeitsagenturen und Jobcenter legen eigentlich
fest, dass man mindestens projektbezogen eingestellt
werden muss. Das sind allerdings die wenigsten Mitarbeiter bei Bildungsträgern.

So, nun aber zurück zu meinen Lieblingen.

Aber wie konnte es soweit kommen?

Mein zweiter Lebensabschnitt im Bildungsbereich in
Berlin-Neukölln begann im Jahr 2010. Allerdings war

ich bereits von 2000 bis 2004 in Neukölln tätig, natürlich auch bei einem Bildungsträger.

Mein neuer Arbeitsplatz befand sich in der Sonnenallee, zwischen S-Bahnhof Sonnenallee und dem berühmten Hotel ESTREL. Ich hatte versucht, über die Webseite des Bildungsträgers etwas über meinen neuen Arbeitsplatz zu erfahren. Entweder das Unternehmen hatte vergessen, dass dieser Bereich existiert oder der Bereich Ausbildung in der Gastronomie war streng geheim. Nun ja, ich musste also suchen. Es war glücklicherweise ein sonniger Tag. Offensichtlich ein gutes Omen für meinen ersten Arbeitstag.

Nach kurzer Zeit war mir dies auch gelungen und ich fand die entsprechende Einfahrt zum Objekt meiner Begierde. Der Hof stand voller PKWs und es gab drei Eingänge. Da ich mit der S-Bahn gekommen war, hatte ich kein Problem mit der Parkplatzsuche, was mir hier auch schwergefallen wäre.

Ich nahm instinktiv gleich die erste Tür, eine Stahltür. Nachdem ich die Tür geöffnet hatte - ich erwartete einen Flur oder eine Treppe nach oben – staunte ich nicht schlecht. Es erschien eine relativ steile und lange

Treppe nach unten. Also nichts wie runter, meine Spannung nahm zu. Unten angekommen fand ich drei weitere Stahltüren. Ich nahm einfach die gerade aus und öffnete für mich nach den ersten Einblicken ein Paradies der Ausbildung.

Ich hatte es also geschafft und war am ersten Tag des neuen Ausbildungsjahres pünktlich, wie es sich gehört, an meinem neuen Arbeitsplatz.

Ich ließ zunächst meine neugierigen Blicke schweifen. Zu Gesicht bekam ich ein recht großes Restaurant für ca. 80 Gäste. Geradezu sah ich eine kleine Treppe an einer großen Fensterfront, rechts am Ende des Raumes eine weitere Stahltür. Offensichtlich gab es im Gebäude nur Stahltüren. Dieses Geheimnis sollte sich viel später aufklären. Durch die Fenster entdeckte ich wieder das Hotel ESTREL und einen Kanal. Welcher das war, wusste ich noch nicht, denn in dieser Gegend von Neukölln kannte ich mich noch nicht gut aus. Ich schaute mich weiter um, richtete meine Blicke und Füße nach links aus. Jetzt sah ich das erste gastronomische Highlight, eine Bar, nicht so groß dafür aber sehr interessant gestaltet. Offensichtlich in Eigenbau, mit einer wandhohen Spiegelrückwand. Dadurch erschien natürlich alles größer und die Anzahl der Wein- und Spirituosenflaschen verdoppelte sich. Ich sah rechts davon einen kleinen Durchgang. Was verbarg sich wohl dahinter? Dazu aber später.

Ich ließ meine Blicke erneut durch den Raum schweifen und sah jetzt auch bereits die ersten neuen Auszubildenden. Auch erste Ausbilder ließen sich jetzt blicken, natürlich kannte ich noch niemanden.

Hier sollte erwähnt werden, dass diese Eröffnungs-veranstaltung für das neue erste Ausbildungsjahr nicht nur für den gastronomischen Bereich sondern auch für die Ausbildungsbereiche Bürowirtschaft, Holz- und Me-tallberufe sowie weitere Ausbildungsberufe statfand.

Da ich noch keinen meiner neuen Kollegen kannte, begann für mich die neue Zeit erst einmal mit Rätselra-ten. Den Kochausbilder machte ich schnell aus – er trug ja entsprechende Arbeitskleidung. Nur mit dem Restaurantausbilder hatte ich so meine Schwierigkeiten. Es gab da zwei Herren, die einen Anzug trugen. Aber auch dieses Rätsel sollte sich erst später lösen. Der Tag begann also mit vielen Ratespielen.

Nach und nach trafen die neuen Auszubildenden verschiedenster Berufe des ersten Ausbildungsjahres im Ausbildungsrestaurant ein. Der Bildungsträger, bei dem ich nun beschäftigt war, organisierte jedes Jahr eine Eröffnungsveranstaltung. Das Ausbildungsrestaurant füllte sich ziemlich schnell. Das Ergebnis war, dass ich selbst keinen Sitzplatz mehr bekam. Das war aber nicht so schlimm – ich stellte mich einfach hinter den Tresen. Hier fühlte ich mich auch wohl. Von dieser Stelle aus hatte ich einen sehr guten Überblick. Und schon stellte ich neue Überlegungen an. Welcher der fast 90 Auszubildenden gehörte ab nun zu meinen Schützlingen? Ich wusste nur, dass ich in meinem ersten Jahr fünf Auszubildende zur Fachkraft im Gastgewerbe und sechs Auszubildende für den Beruf Koch bzw. zur Köchin bekomme würde.

Die versammelten Auszubildenden waren nach meinem Eindruck noch sehr schüchtern und viele kannten sich noch nicht. Die meisten jungen Menschen kamen über das Jobcenter Treptow/Köpenick. Ich schätzte jeden zweiten Auszubildenden knapp über 18 Jahre, und gleichzeitig stellte ich mir die Frage: Wieso kommen so viele Jugendliche kurz nach dem Schulabschluss nicht auf dem ersten Ausbildungsmarkt unter? Die Antwort bekam ich bereits in der ersten Woche nach dem Start des Ausbildungsjahres.

Jetzt begann die Eröffnungsveranstaltung. Ein etwas größerer und kräftiger Herr, in meinen Augen bekleidungsmäßig doch sehr ungepflegt, stellte sich als stellvertretender Niederlassungsleiter des Bildungsträgers vor. Da das Ausbildungsrestaurant relativ groß ist, musste er sehr laut reden. Er stand auf der Treppe zum Flussausgang und hatte damit wohl den besten Überblick. Er begrüßte die neuen Auszubildenden und stellte das Bildungsunternehmen vor. So weit, so gut. Mit der Zeit nahm allerdings die Lautstärke seiner Stimme ab, so dass nur noch die unmittelbar um ihn herum Sitzenden noch etwas verstanden. Ich selbst stand ja am Tresen und damit am anderen Ende des Restaurants. Was seine Rede zum Inhalt hatte, konnte ich, aber sicher auch die neuen Azubis, zum größten Teil nicht mehr verstehen.

Nach ca. einer halben Stunde ging die Rede offensichtlich zu Ende, denn es begann die Vorstellungsrunde der Ausbilder und Ausbilderinnen, der Sozialpädagogen und Stützlehrer. Mich hatte dieser Herr in der Vorstellungsrunde wohl vergessen, denn ich war ja neu.

Aber das erste Rätsel löste sich hiermit auf. Einer der beiden Herren war der Stützlehrer[1], der bisher im gastronomischen Bereich zuständig war. Ich war also seine Ablösung. Der zweite Herr im Anzug, etwas kräftiger gebaut und gemütlich aussehend war also der Ausbilder für die gastronomischen Berufe im Restaurant. Wie gesagt, auch die Sozialpädagogin wurde vorgestellt. Auch hier erlebte ich eine Überraschung: Ich musste feststellen, dass ich auch diese Kollegin ablöse.

[1] Ein Stützlehrer ist ein Lehrer für die Nachhilfe (Anm. d. Red,)

Ich wusste ja, dass ich für ein Gehalt zwei volle Planstellen übernahm.

Nach ca. einer Dreiviertelstunde ging die Eröffnungsphase zu Ende und es begann ein gemeinsames Frühstück. Dieses hatten die Auszubildenden des zweiten und dritten Ausbildungsjahres aus dem Bereich Gastronomie vorbereitet. Diese Idee der Begrüßung fand ich wirklich toll. Außerdem konnte ich mir gleich ein Bild von der Arbeitsweise der älteren Azubis und den Ausbildern machen. Nach dem gemeinsamen Frühstück, welches ich im Stehen einnahm, wurden die Auszubildenden der einzelnen Berufe den jeweiligen Ausbildern zugewiesen. Alle mit Ausnahme des Bereichs Gastronomie verließen die Ausbildungsstätte und gingen in die anderen Objekte des Bildungsträgers.

Jetzt begann meine eigentliche Arbeit! Halt! Ich musste mich ja erst einmal dem Ausbildungsteam der Gastronomie vorstellen, denn das hatte ja niemand bisher getan. Es kam mir jedenfalls sehr außergewöhnlich vor, dass sich ein neuer Kollege selbst vorstellen muss.

Der Ausbilder Service, Herr Moll, übernahm nunmehr die Leitung und rief alle neuen Auszubildenden der Gastronomie zusammen. Es gesellten sich noch der Ausbilder für die Köche und die Ausbildungsleiterin des Bildungsträgers hinzu. Wir alle begaben uns in einen separaten Raum hinter der mir bisher unbekannten Eisentür – sicher ein Schulungsraum – wo sich Herr Moll selbst und anschließend Herr Herling, Ausbilder Köche, vorstellten. Da ich noch unbekannt war, stellte ich mich nur kurz vor. Eine ausführliche Vorstellung meinerseits wollte ich später noch nachholen. Herr Moll stellte auch gleich den Bildungsträger und die entsprechenden Berufsbilder in der Gastronomie vor. Bis jetzt klang für mich alles sehr gut.

Nun jedoch begann die Ausbildungsleiterin, Frau Hager, sich noch vorzustellen. Ihre Vorstellung war nicht unbedingt das Interessanteste, was ich bisher gehört hatte.

Was allerdings jetzt von ihr kam, machte mich schon stutzig und darüber war ich auch nicht unbedingt erfreut.

Diese Ausbildungsleiterin drohte erst einmal den neuen Auszubildenden: „Wenn ihr keine Lust habt, solltet ihr gleich wieder gehen. Ich werde nicht zulassen, dass durch irgendjemanden die Ausbildung aus dem Ruder läuft. Auch ein Zuspätkommen und andere Ausfälle werde ich nicht dulden. Ich habe einen guten Draht zum Jobcenter Treptow-Köpenick. Wer nicht spurt, fliegt raus."

Ich war erst einmal schockiert. Mit so einer Begrüßung durch eine Ausbildungsleiterin hatte ich nicht gerechnet. Aber ich war offensichtlich nicht der Einzige, der mit diesen Formulierungen Probleme hatte. Auch dem Ausbilder Service, Herr Moll stand der Schrecken ins Gesicht geschrieben. Er runzelte seine Stirn und sein Gesichtsausdruck stellte die Frage: „Was soll das?".

Nun begann für mich der neue und interessante Teil der Vorstellungsrunde. Die neuen Auszubildenden stellten sich persönlich vor und ich erfuhr zum ersten Mal etwas über diese jungen Menschen. Sie waren natürlich alle sehr aufgeregt in dieser neuen Umgebung und mit dem für sie noch unbekannten Ausbilderteam. Ich erfuhr, dass alle einen Abschluss der zehnten Klasse hatten, mehr oder weniger gut. Aber immerhin einen Schulabschluss. So richtig einschätzen konnte man bei dieser Zurückhaltung aber noch niemanden.

Ich bekam nach der Vorstellungsrunde von Herrn Moll und Frau Hager diverse Unterlagen, die für mich und die neuen Auszubildenden vorbereitet wurden. Mit Erstaunen stellte ich fest, dass die beiden Ausbilder und die Ausbildungsleiterin den Raum verließen und mich mit den Neuen alleine ließen. Für mich doch sehr ungewöhnlich, da ich ja selbst noch der Neue war.

Wie fange ich nun an? Zum Überlegen hatte ich keine Zeit, denn es sollte ja niemand mitbekommen, dass auch ich an meinem ersten Arbeitstag aufgeregt war. Also stellte ich mich selbst erst einmal ausführlich vor. Nach etwa fünfzehn Minuten kannten meine neuen

Auszubildenden meinen kompletten Lebenslauf. Dies brachte mich auf die Idee, jeden einzelnen aufzufordern, sich selbst noch einmal ausführlicher vorzustellen. Nach anfänglichem Zögern begann die Erste, Jessy, sich vorzustellen. Die Vorstellung klappte so gut, dass auch alle anderen ihre Hemmungen ablegten. Da ich ein neugieriger Mensch bin, fragte ich, warum sie in der ersten Runde mit den Ausbildern noch so zurückhaltend waren? Die Antworten waren einhellig: Die Ausbilder kamen sehr streng rüber und meine Person wäre von Anfang an lockerer drauf und ich hätte mich ja auch ausführlicher vorgestellt. Das freute mich natürlich. Ich hatte den Eindruck, dass meine natürliche Arbeitsweise doch mehr Vertrauen geschaffen hat. Ehe wir uns versahen, war bereits Mittag und wir waren gespannt auf unsere erste Mahlzeit beim neuen Bildungsträger.

Den Nachmittag ließen wir entspannter angehen. Wir unterhielten uns erst einmal über die Ausbildung, die Erwartungen, die jeder hatte und ich erzählte den neuen Auszubildenden, wie die nächsten zwei bzw. drei

Jahre ablaufen würden. Gegen 15 Uhr war an diesem Tag Schluss und ich erinnerte noch einmal daran, dass ich alle am nächsten Tag pünktlich um 7.10 Uhr in der Ausbildungseinrichtung erwarte.

So, der erste Tag war vorbei und es hatte sich bestätigt: Der erste Tag war erfahrungsgemäß immer hektisch. Begrüßung, Belehrungen, Anwesenheit, Statistiken für das Arbeitsamt, das Jobcenter, die IHK etc.. Die Auszubildenden waren vollständig erschienen. So konnten wir die persönlichen Daten der Azubis erfassen und die Anmeldungen bei den SV-Trägern[1] vornehmen. Wir legten Ordner an mit den Anschriften und Telefonnummern, damit wir für den Fall der Fälle wussten, wie sie zu erreichen waren oder auch nicht.

Wir hatten uns viel vorgenommen, wie unsere Schützlinge durch die Prüfungen zu bringen seien. Mein Optimismus war jedenfalls groß.

Was ich an diesen Tag noch nicht schaffte, war ein intensiveres Gespräch mit den anderen Kollegen. Ich hoffte also auf den nächsten Tag.

[1] Sozialversicherung

KAPITEL 5

Am zweiten Tag sind mir zwei Damen namens Vanessa und Chantalle aufgefallen, die permanent am Quasseln und Tuscheln waren. In diesem Alter, - so dachte ich, und schließlich habe ich ja auch eine Tochter - wurde der „Markt aufgeteilt": Der sieht gut aus, der ist doof, der ist für mich und den kannst du haben - was eben in den Köpfen junger Mädels so vor sich gehen mag.

Mein Job als Babysitter hatte also begonnen.

An diesem Tag lernte ich auch die Auszubildenden des zweiten Ausbildungsjahres kennen. Diese Azubis hatten ja bereits ein Jahr als Fachkraft im Gastgewerbe bzw. Koch gelernt. Natürlich beäugten sie mich erst einmal argwöhnisch, denn bisher standen ihnen ja je ein Stützlehrer und eine Sozialpädagogin zur Verfügung. Und jetzt sollte das alles nur einer machen, mit noch mehr Azubis? Ich konnte Ihnen ihre Skepsis nicht verdenken.

Hierzu muss ich erklären, dass ich zu diesem Zeitpunkt 22 Auszubildende und Umschüler zu betreuen hatte. Der Schlüssel lag aber bei max. 20 Auszubildenden je Sozialpädagoge und Stützlehrer. Ich hatte damit aber gleichzeitig 44 von ihnen. Und das alles zu einem recht niedrigen Gehalt. Aber ich hatte mir diese Arbeitsstelle ja ausgesucht, da hier die Berufsbilder der Gastronomie ausgebildet wurden.

Ich nahm mir vor, am nächsten Tag mit jedem der „alten" Azubis ein Gespräch zu führen, damit ich sie besser kennenlernen konnte. Heute hatte ich erst einmal eine große Menge Papier zu bearbeiten. Das ist eigentlich der Arbeitsbereich, den ich ehrlich gesagt am meisten hasse. Aber da es nach den Vorschriften der Behörden und Bildungsträgern geht, musste ich mich eben damit befassen. Aus meiner Sicht wurde hier massiv übertrieben. Eine größere Rolle spielen für mich die Betreuung und Gespräche mit den Jugendlichen. Denn die hatten viel größere Probleme zu bewältigen. Zu hohe Schulden, zu viele Handyverträge, Schufaeinträge, Wohnungsprobleme:- um nur einige zu nennen. Dafür sollte ich eigentlich da sein. Aber wie gesagt, bei Bildungsträgern, wie ich auch bereits in der Vergangenheit erfahren musste, spielt die soziale Verantwortung eher eine untergeordnete Rolle.

An diesem Abend wurde ein Satz von mir verwendet, der im Laufe der vergangenen und zukünftigen insgesamt fast 20 Jahre fast täglich so oder so ähnlich von mir benutzt werden sollte: „Schatz, du glaubst nicht, was ich heute erlebt habe!" oder „Schatz, du glaubst nicht, wie bescheuert meine Azubis sein können!"

Auf diese Weise benutzte ich meine Frau fast jeden Abend als seelischen „Müllschlucker". Supervisor gab es nicht. Hier konnte ich mal davon profitieren, dass meine Frau ebenfalls einen sozialpädagogischen Studienabschluss hat.

KAPITEL 6

Nach einigen Tagen passierte folgendes:

Es waren gerade mal drei Wochen meines Arbeitslebens beim neuen Träger vergangen, da stand Manny aus dem zweiten Ausbildungsjahr vor meiner Tür. „Chef! ich brauche einen Vorschuss. Meine Kohle ist alle. Ich kann sonst morgen nicht auf Arbeit kommen." „Wieso kannst du morgen nicht auf Arbeit kommen? Du stehst morgen früh pünktlich 7:15 Uhr hier auf der „Matte", sonst ziehe ich dir die Stunden ab!"

„Das geht nicht, Chef!", sagte Manny. „Ich sagte doch, dass ich keine Kohle mehr habe. Ich kann mir also auch keine Fahrkarte kaufen. Sie wollen doch sicher nicht, dass ich „schwarz" fahre."

Ich sagte ihm zu, dass ich mich, ohne etwas zu versprechen, darum kümmern werde.

Nach mehreren Telefonaten hatte ich endlich das o.k. vom Niederlassungsleiter. Ich rief nach der Mittagspause Manny zu mir und teilte ihm mit, dass er, wenn er mit saubermachen im Restaurant fertig sei, rüber fahren könne, in die Buchhaltung in der Odersteinstraße. Dort könne er sich seinen Vorschuss dann abholen.

Ich war gerade mit dem heutigen Stützunterricht fertig und machte mich auf den Weg in die Küche, um meine leere Kaffeetasse wegzubringen. Ich musste zwangsläufig zwei Etagen tiefer durch das Restaurant. Als ich die Tür öffnete, wäre ich beinahe über den Schrubber und Wischeimer gestolpert. Hier war es außerdem verdächtig still. Ich rief laut: „Manny?". Da steckte Timmi seine Kopf aus der Küchentür und meinte nur: „Manny ist nicht mehr da. Als er von Ihnen wieder kam, hat er alles stehen und liegen gelassen und ist abgehauen. Ich weiß nicht mal wo er hin ist. Und ich denke nicht daran, seinen Dreck weg zu machen."

„Doch!" sagte ich zu Timmi. „Auch, wenn Manny seine Arbeit erst fertig machen sollte und es doch nicht getan hat, „beißen den Letzten die Hunde". Wir werden in den nächsten Tagen für Manny ein paar Sonderaufgaben haben. „Timmi? Sind sie in den nächsten Tagen nicht für die Toilettenreinigung eingeplant?" „Ja", strahlte er wieder und bot an, sehr gern mit Manny zu tauschen. „ Na, dann sind wir uns ja einig Timmi und vollende bitte Manny´s „Kunstwerk". Was sollen denn sonst unsere Gäste denken, wenn es bei uns so chaotisch aussieht?"

Nach zwei weiteren Tagen teilte mir der Koch mit, dass Manny angerufen hätte. Er sei krank.

Ich fragte nach dem Krankenschein und erhielt die Antwort, dass er davon nichts gesagt hätte.

Da fiel ich vom Glauben ab. Der Koch ist selbst Ausbilder! aber so was von weltfremd.

Ich versuchte daraufhin, Manny telefonisch auf seinem Handy zu erreichen. Leider ohne Erfolg.

Sein Kumpel Janosch meinte nur, dass er wohl ein neues Handy habe. Aber die neue Nummer habe er selbst auch noch nicht.

Jetzt habe ich aber plötzlich ganz viele Fragezeichen im Kopf. Manny hat kein Geld, kann sich keine

Fahrkarte kaufen, braucht Vorschuss für die Miete, Fahrkarte und was zu Essen? Woher bitte schön hat er das Geld für ein neues Handy? Auf den Strich geht er nicht. Jedenfalls weiß ich nichts davon.

Nach einer weiteren Woche ist plötzlich bei Manny eine Wunderheilung geschehen. Aus der Hosentasche eines gesunden Menschen flatterte ein Krankenschein und plötzlich wurde er noch gesünder. „Wo warst du denn die ganze Zeit? Musstest du im Bett bleiben?", fragte ich ihn. Er habe keine Zeit gehabt. Er wäre ein Handy kaufen gewesen, musste auch mal ausschlafen. „Und der Krankenschein?" fragte ich ihn. „Na, sie wollten den doch haben", sagte er. Zumindest hat es mir Timmi so erzählt.

Aus dem gegebenen Anlass „Manny" blieb mir nichts anderes übrig, als erneut mit allen Auszubildenden eine Belehrung zum Thema „Krankenscheine" durchzuführen.

Wie ich heute erfuhr, finden im Oktober die Zwischenprüfungen für das zweite Ausbildungsjahr der Köche und Fachkräfte im Gastgewerbe statt. Das bedeutet zwölf Azubis für diese Prüfung vorbereiten. Eigentlich kann man eine Zwischenprüfung nicht verhauen, außer man beleidigt den Prüfer. Ich sprach mit den beiden Ausbildern. Das Ergebnis war teilweise ernüchternd. Herr Moll hatte bereits mit einer Vorbereitung begonnen, möchte diese aber intensivieren. Wir einigten uns darauf, dass er den praktischen Teil und ich den theoretischen Teil vorbereite. Mit Herrn Herling von den Köchen war das etwas schwieriger. Auch mit ihm wollte ich mich auf dieselbe die Verfahrensweise einigen. Doch er wollte grundsätzlich nur ein Probekochen zulassen. Es sei ja schließlich nicht so schwer, eine Eierspeise oder eine Suppe oder ähnliches herzustellen. Nun gut, dann bereitete ich die Köche im theoretischen Teil und für die Erstellung des Ablaufplanes des Kochens vor.

Ich erstellte mir einen Plan, wann die jeweiligen Azubis einzeln zu mir kommen. Diesen Plan legte ich den Ausbildern auch vor und trug diese Termine in den ausgehängten Wochenplan ein. Ich versuchte die Köche immer auf den Nachmittag zu legen, damit der Ablauf in der Küche nicht zu sehr durcheinander kommt. Ich versuchte immer auf die praktische Ausbildung und

Arbeit Rücksicht zu nehmen. Es gelang mir nicht immer, da ich ja auch noch andere Aufgaben hatte.

Ich war auch verantwortlich für die Anwesenheit der Azubis, die Jahresausbildungsplanung, die Vor- und Nachbereitung des Stützunterrichts, die gesamte soziale Betreuung (wofür ich eigentlich eingestellt wurde und mein Gehalt bekam), die gesamte Dokumentation und das Halten der Verbindung zu den Ämtern. Also wurde aus dem eingestellten Sozialpädagogen ein „Allrounder". Und das für nur ein Gehalt.

Ein größeres Problem stellte sich für mich die Arbeitssituation in meinem Büro dar. Morgens wenn ich zur Arbeit komme gehe ich immer zuerst in mein Büro, nicht um meine Sachen abzulegen, sondern um den PC anzuschalten. Dann konnte ich erst einmal einen Kaffee trinken gehen. Wenn ich dann ca. zehn Minuten später zurückkam, war der PC betriebsbereit. Ich glaube, ich hatte den ältesten Computer der Firma in meinem Büro. Ein Museum hätte dieses Gerät sicher nicht in den Ausstellungsräumen haben wollen, dafür war es doch zu alt.

Aber nun seis drum, ich begann mit der Prüfungs-vorbereitung der Azubis für die anstehende Zwischen-prüfung. Wir hatten ja nur noch zwei Wochen Zeit und die wollte ich intensiv nutzen. Mit einer Auszubildenden konnten wir allerdings keine Vorbereitung treffen, da sie im Mutterschutz war. Herr Herling teilte mir mit, dass Juline aber trotzdem an der Prüfung teilnehmen möchte. Daraufhin habe ich ihr Unterlagen nach Hause geschickt, mit dem Hinweis, dass sie sich jederzeit für die Vorbereitung an mich wenden könne.

Wir kamen gut voran, nur der Zeitablauf in der Kü-che wurde öfter über den Haufen geworfen. Aber am Ende schafften wir unser Ziel. Jetzt kam es auf die Azubis an. Sie waren gut vorbereitet und mussten sich nur noch beweisen.

KAPITEL 7

Am Tag der Zwischenprüfung flatterte uns eine Bescheinigung über einen Krankenhausaufenthalt   für Juline ins Haus. Ich rief die IHK an um festzustellen, ob sich Juline für die Zwischenprüfung mit dieser Bescheinigung entschuldigt hat. Leider war dies nicht der Fall. Ich teilte also schriftlich der IHK den Sachverhalt mit, um sie nachträglich noch zu entschuldigen. Glücklicherweise hat das geklappt und ich konnte Juline ein halbes Jahr später noch einmal zur Zwischenprüfung anmelden. Denn immerhin ist die Teilnahme an der Zwischenprüfung Voraussetzung für die Abschlussprüfung.

Einen Tag nach der Zwischenprüfung konnten alle Azubis, außer Juline, die erfolgreiche Absolvierung der Prüfung vorlegen. Damit hatte ich gemeinsam mit den Ausbildern einen ersten Erfolg eingefahren.

Toben aus dem zweiten Ausbildungsjahr, Fachkraft im Gastgewerbe, der auch erfolgreich an der Zwischenprüfung teilgenommen hatte, wurde zu einem meiner „Lieblingsazubis". Er kam sehr oft zu spät, entschuldigte sich aber immer höflich und war auch sonst ein sehr höflicher junger Mann, der in das Berufsbild Gastgewerbe sehr gut passte. Toben wohnte mit seinem Freund zusammen, sie hatten also eine gemeinsame Wohnung. Das war ja alles okay. Super war, dass sein Freund ihn ab und zu in den „Allerwertesten" trat und ihn auf „Vordermann" brachte. Dennoch hatte ich mit Toben eine ganze Menge zu tun. So war er zum Beispiel der Meinung, dass die Schule im Großen und Ganzen doch nur eine Belastung darstellt. Zu diesem Thema mussten wir uns doch öfter auch gemeinsam mit Herrn Moll, seinem Ausbilder unterhalten. Zum Ende des Jahres 2010 nahmen diese Probleme deutlich zu, so dass bereits die Klassenlehrerin bei uns anrief. Nun blieb uns nichts anderes übrig, als ihm eine Abmahnung zu geben. Gespräche gab es ja bereits sehr viele. Auch zukünftig sammelte Toben weiterhin Abmahnungen wie andere Briefmarken. Leider bewirkten diese Abmahnungen nicht viel. Sie hielten vier – fünf Wochen an und dann geschah eigentlich immer das gleiche, Toben meinte die Schule ignorieren zu müssen.

KAPITEL 8

Adrian, unser erster Umschüler bei diesem Bildungsträger in der Gastronomie kam im Jahr 2010 zu uns.
Er stammte aus einer mittleren Stadt aus Nordrhein-
Westfalen und war nach Berlin gezogen. Hier lebte
auch schon sein Bruder. Nun werden sich einige Leser
fragen, Was ist so besonders an einem Umschüler?
Nun ja, Adrian war selbst etwas Besonderes! Adrian
war bereits 30 Jahre alt und hatte schon allerlei in seinem Berufsleben gemacht. Er stand auf der Bühne von
Theatern, hat Chansons gesungen, große und kleine
Rollen gespielt. Nur an einer Schauspielschule wurde
er nie angenommen.

Nach seinem Umzug nach Berlin-Neukölln spielte er
noch eine Weile verschiedene Rollen an diversen Büh-
nen, aber es war eben kein Job zum Leben.

Natürlich machte sich auch bei ihm das Jobcenter
Berlin-Neukölln so seine Gedanken. Aber man fand
neben der Schauspielerei noch eine „Liebe" in Adrians

Leben – die Kochkunst. Das Jobcenter bot Adrian eine Umschulung an und so landete er bei unserem Bildungsträger. Ich lernte Adrian als sehr offenen und fast immer gut gelaunten jungen Mann kennen.

Er fügte sich, als der ältere unter den Auszubildenden sehr schnell in das gesamte Team ein und wurde auch sofort von allen akzeptiert. Die Akzeptanz war aber eigentlich keine Selbstverständlichkeit, denn Adrian war doch noch anders, er war schwul. Aber das war für uns und auch die Azubis kein Problem.

Mit unserem ersten Umschüler wurde mir noch eine Eigenheit dieses Bildungsträgers klar! Bisher wusste ich von anderen Bildungsträgern, bei denen ich beschäftigt war, dass auch Umschüler die Berufsschule besuchen. Nicht so hier. Erstens betrug der Zeitraum der Umschulung nicht 24 sondern nur 20 Monate, was mich schon verwunderte. Mir war auch nicht ganz klar, warum das Jobcenter, aber auch die IHK so einem Vertrag zustimmt. Aber es kam noch viel verrückter. Dieser Umschüler musste auch nicht zur Berufsschule. Auf meine Nachfrage bei der Niederlassungsleitung bekam ich den Vertrag und den Ablauf für die 20 Monate Umschulung in die Hand.

Was ich jetzt sah, konnte ich einfach nicht glauben. Im Vertrag stand, dass die theoretische Ausbildung beim Bildungsträger absolviert wird. Diese sollte in der Niederlassung in Berlin-Neukölln stattfinden. Okay dachte ich, dann ist ja alles geklärt. Nach zwei Wochen, Adrian hatte sich gut eingelebt, das kochen machte ihm offensichtlich sehr viel Spaß, stellte ich fest, dass von theoretischer Ausbildung kein Anzeichen zu sehen war. Nun musste ich also nochmals nachfragen, wann denn für Adrian die theoretische Ausbildung beginnt. Dazu fuhr ich aber lieber gleich selbst in die Niederlassung und musste zu meinem Erstaunen feststellen, dass es keinen Plan gibt. Für mich war das unbegreiflich und auch nicht verständlich, denn auch Umschüler haben am Ende der Ausbildung eine doch sehr umfangreiche theoretische Prüfung vor der IHK.

Jetzt kam der Schock für mich. Ich war ja gerade vier Wochen im Amt und zwar als Sozialpädagoge und Stützlehrer. Frau Hager, die Ausbildungsleiterin teilte mir nur lapidar mit, dass die theoretische Ausbildung in unserem Fachbereich durchgeführt werden soll. Auf meine Nachfrage: „Durch wen soll die theoretische Ausbildung durchgeführt werden?" bekam ich die Antwort: „Durch den Ausbilder"!

Okay, damit war die Sache für mich erst einmal erledigt, dachte ich jedenfalls, bis ich dem Kochausbilder die Antwort von Frau Hager überbrachte. Dieser grinste mich an und sprach: „ Das wird so wohl nicht passieren, ich habe genug zu tun". Also stellte ich meine Frage wieder auf null und versuchte erneut heraus zubekommen, wer denn nun die theoretische Ausbildung übernimmt. Adrian fragte mich auch schon ständig danach, was ich ihm ja auch nicht übel nahm, er war schließlich einer der wenigen, die wissbegierig waren. Ich ging in mein Büro und versuchte die Ausbildungsleiterin anzurufen. Aber weit gefehlt, ich bekam sie nicht ans Telefon. Also verschob ich die Anfrage auf den nächsten Tag, ich hatte ja noch einiges anderes zu tun. Zum Beispiel viel Papier für die Ämter produzieren, aber das war ich ja bereits von anderen Bildungsträgern gewohnt.

Einen Tag später, ich war gerade in unserer Einrichtung angekommen und hatte mir einen Kaffee eingeschenkt, kam Adrian und fragte natürlich, ob ich denn schon etwas weiß? Ich musste dies leider verneinen, teilte ihm aber mit dass ich dran bleibe. Der Kochausbilder, der heute auch schon da war, tat so als hätte er das alles nicht gehört. Ich war zum damaligen Zeitpunkt schon sehr über das Desinteresse erstaunt.

Plötzlich kam Frau Hager zu früher Stunde durch die Tür. Welch ein Glück für mich, konnte ich sie ja gleich noch einmal direkt fragen. Ich ließ ihr aber noch etwas Zeit sich zu akklimatisieren, einen Kaffee zu trinken und ihren Gesprächsbedarf mit den Teammitgliedern zu stillen.

Nach einer Weile wollte ich meine, doch sehr dringende Frage loswerden. „Frau Hager, wie ist es denn nun mit der theoretischen Ausbildung des Umschülers?" Sie sah mich erstaunt an: „Darüber hatten wir doch gestern bereits gesprochen und alles geklärt". Ich versuchte, im Beisein der Ausbilder zu erklären, welche Antwort ich gestern bekommen hatte. Frau Hager sah den Kochausbilder und dann wieder mich an. Ich dachte, jetzt kommt eine Anweisung für den Kochausbilder, doch weit gefehlt. Frau Hager: „Ja, wenn der Ausbilder ausgelastet ist, dann müssen sie eben die theoretische Unterweisung durchführen"! Mir blieb erst einmal die Spucke weg! Was war das denn? Ich bin doch kein Ausbilder und auch kein Berufsschullehrer. Aber es gab keine Diskussion, es blieb bei dieser Entscheidung bis zu meinem Ausscheiden aus dem Unternehmen. Zum Glück hatte ich bereits zehn Jahre bei anderen Bildungsträgern im Bereich Gastronomie / Hotellerie Ausbildungseinheiten durchgeführt, allerdings kaum für Köche. Nun ja, es wird irgendwie gehen, ich muss mich halt einarbeiten.

Zumindest konnte ich Adrian jetzt eine Entscheidung und gleichzeitig eine Lösung des Problems anbieten. Adrian freute sich natürlich über die Nachricht und auch darüber, dass ich sein Lehrer sein werde. Ich versprach ihm einen Plan entsprechend der Berufsschulausbildung zu erstellen.

Und so geschah es, ich erstellte den Plan und wir begannen mit dem Unterricht.

Neben meinen eigentlichen Aufgaben musste ich mich natürlich in den speziellen Stoff für die Kochausbildung einarbeiten. Ich merkte schnell, dass dies nicht so einfach war. Im Bereich Service und Hotel hatte ich ja bereits Erfahrungen gesammelt, auch durch meine Tätigkeit als Hoteldirektor bei einem anderen Bildungsträger. Hier lag der Fall aber doch völlig anders. Ich musste viel Zeit für Lebensmitteltechnologie, Gartechniken bis hin zur Lebensmittelchemie aufwenden. Ich habe also in der Theorie die Kochausbildung über die Jahre selbst noch absolviert.

Es gab allerdings noch andere Schwierigkeiten, die natürlich Hausgemacht und mit dem Kochausbilder, Herrn Herling zusammen hingen. Immer wenn ich laut Plan den Umschüler zum Unterricht abholen wollte, stellte sich Herr Herling diesem Plan in den Weg. Adrian kann jetzt nicht, er muss die Essenausgabe übernehmen, er muss die Aufsicht in der Küche übernehmen usw. . Das waren dann immer Zeiträume, wo sich der Kochausbilder lieber in sein Büro an seinem PC zu seinen Reiserecherchen zurückzog.

Aber irgendwie haben wir die theoretische Ausbildung dann doch hinbekommen. Auch dank Adrian`s Fleiß. Dieser Fleiß war kontinuierlich bis zum Ende der Umschulung.

Zu Beginn des zweiten Halbjahres der Umschulung war Adrian bereits in der Lage den Kochausbilder komplett bei dessen Abwesenheit zu vertreten. Selbst Gäste taten dies mit ihrer Meinung kund: „Heute schmeckt es sehr gut. Ist ein neuer Koch da?"

Adrian war einer der Besten, wenn nicht der beste Auszubildende und konnte frohgemut in seine Zukunft schauen. Auch in der Ausbildungsgruppe griff er immer wieder positiv ein, besonders dann, wenn andere Auszubildende Stress mit dem Kochausbilder hatten. Die Arbeit strengte ihn an, aber sobald ein privates Fest anstand, macht Adrian das Buffet. Egal ob in Berlin oder zu einem runden Geburtstag seiner Eltern, er war immer dabei und reiste bereits mehrere Tage vorher an. Adrian`s Gäste waren immer sehr zufrieden, was sich auch immer in der gesamten Arbeitsweise darstellte.

Adrian war eben ein junger Mann in Ausbildung, auf dem sich jeder verlassen konnte.

Im zweiten und letzten Jahr der Ausbildung wurde Adrian in ein vier Sterne Plus Hotel in Berlin in ein Praktikum vermittelt. Auch hier konnte sich Adrian schnell in das Küchenteam integrieren und sich auch schnell den Respekt der Mitazubis verschaffen. Dort blieb er bis vier Wochen vor der theoretischen Prüfung.

Anfang April 2012 stand Adrian plötzlich am frühen Morgen im Ausbildungsrestaurant mit seiner gesamten Ausrüstung. Ich dachte bereits, es sei etwas passiert. Aber es war alles in Ordnung. Adrian machte mich darauf aufmerksam, dass sein Praktikum beendet war und die Prüfungsvorbereitung beginnen kann.

Unser Kochausbilder bekam große leuchtende Augen. Er machte sich bereits Hoffnung, Adrian nun wieder öfter in der Küche einsetzen zu können. Aber hier waren sich Adrian und ich einig. Jetzt hatte die theoretische Prüfungsvorbereitung Vorrang.

Wir mussten zügig arbeiten, gingen den gesamten relevanten Stoff noch einmal durch, schrieben Musterprüfungen und Anfang Mai konnte Adrian beruhigt zur theoretischen Prüfung gehen. Ich konnte davon ausgehen, dass er sehr gut auf die Prüfung vorbereitet war.

Am Tag nach der Prüfung kam Adrian freudestrahlend in die Ausbildungseinrichtung und berichtete: „Ich habe ein sehr gutes Gefühl, was die Prüfung betrifft. Bis auf wenige Ausnahmen hatte ich immer entsprechende Antworten." Darüber war ich natürlich sehr erfreut. Der Kochausbilder meinte: „Na das haben wir gut geschafft". Ich schaute Adrian und Adrian mich an. Dann musste Adrian Herrn Herling erst einmal ins Gedächtnis rufen, dass er doch an einem hoffentlich guten Ergebnis fast keinen Anteil hat. Das wollte der Ausbilder so natürlich nicht stehen lassen und sagte: „Immerhin hast du ja auch in der Küche bei mir viel gelernt". Wir wollten es dabei belassen und gingen in mein Büro um gleich die praktische Prüfung, die zwar noch ein wenig hin ist, vorzubereiten.

Der Ablauf wurde von mir bereits vor vielen Jahren bei einem anderen Bildungsträger standardisiert. Diese Verfahrensweise hat sich bisher immer bewährt.

Nun mussten wir nur noch auf die Prüfungseinladung mit dem entsprechenden Warenkorb für das Prüfungsessen warten. Das konnte ab jetzt noch sechs bis acht Wochen dauern. Für Adrian begann eine erneute, aber die letzte Etappe in der Küche von Herrn Herling.

Es war Mitte Juli und Adrian brachte pünktlich, wie sollte es bei ihm auch anders sein, seine Prüfungseinladung und seinen Warenkorb mit. Aber nicht nur das, er hatte bereits vorgearbeitet und hatte aus seinem Warenkorn bereits ein Dreigangmenü entwickelt. Er legte das seinem Ausbilder vor. Dieser staunte und las alles gründlich durch. Bis auf wenige Anmerkungen konnte dieses Menü so umgesetzt werden. Adrian war natürlich über dieses Ergebnis sehr froh, denn wie er mir erzählte, hatte er das Dreigangmenü bereits am Wochenende für seine Freunde gekocht und viel Lob erhalten. Ja, so kenne ich Adrian, immer einen Schritt voraus.

Jetzt konnte also die Vorbereitung zur praktischen Prüfung beginnen. Auch Adrian hatte die Möglichkeit des Probekochens vor einer „Prüfungskommission" in unserer Ausbildungseinrichtung. Dies konnte er durch den Zeitrahmen auch dreimal nutzen. Was soll ich sagen. Er konnte immer mit einem überzeugenden Ergebnis die Kollegen überraschen. Sein Menü war optisch sehr gut angerichtet. Es schmeckte und vor allem kam es immer pünktlich aus der Küche.

Nun hatte Adrian seine drei Probekochen hinter sich gebracht und das gesamte Team war mit den Ergebnissen sehr zufrieden. Die richtige praktische Abschlussprüfung konnte kommen. Zwischendurch gaben wir Adrian die Möglichkeit Mitglied unserer „Prüfungskommission" bei zwei weiteren Prüflingen zu sein. Er hatte immerhin genug Fachwissen angesammelt, so dass er souverän mit abstimmen konnte.

An einem Donnerstag hatte Adrian seine praktische Abschlussprüfung. Die fand in der Zeit von zwölf Uhr bis zweiundzwanzig Uhr statt. Ich muss sagen, eine sehr lange Zeit und ich hatte richtigen Respekt vor dieser Prüfung.

Aber Adrian schaffte diese mit Bravour und der Note zwei. Wir konnten ihm nur noch gratulieren und ihm den anderen Auszubildenden als Vorbild hinstellen. Ich war auf ihn stolz wie „Bolle".

Mit der bestandenen Prüfung hatte Adrian die Möglichkeit, in seinem Praktikumshotel fest angestellt zu werden. Diese Chance nahm er natürlich war. Adrian war uns inzwischen so verbunden, dass er uns ab und zu besuchte. Wir freuten uns natürlich und statteten auch Gegenbesuche im Hotel ab. Durch ihn konnten wir weitere Auszubildende in diesem Hotel unterbringen.

Leider habe ich im Sommer 2015 durch Toben, einen anderen ehemaligen Auszubildenden erfahren, dass Adrian im November des vergangenen Jahres ganz plötzlich und ohne Vorwarnung gestorben ist. Für mich war es ein großer Schock, denn ich habe Adrian sehr gemocht und hatte eine große Achtung vor seiner Leistung.

KAPITEL 9

Es sind wieder einmal einige Wochen vergangen. Der „Pleitegeier" kreiste über Kai. Ich ahnte schon, was kommen würde. Ich machte mich ein paar Tage unsichtbar. War mal in der Lahnstrasse zur Besprechung, besuchte Azubis, die in verschiedenen Berliner Hotels einen Praktikumsplatz hatten usw.

Kai musste sehr großen Hunger gehabt haben, denn er begleitete mich eines Nachmittags auf meinem Heimweg zur S-Bahnstation. „Chef?" hörte ich leise und ziemlich kleinlaut, „ja" sagte ich schließlich. „Chef? ich brauche einen Vorschuss." Ich sagte ihm, dass das sicher nichts werden würde. Er habe doch letzten Monat erst einen Vorschuss bekommen. „Was soll ich denn machen?", jammerte Kai. „Ich muss meinen Eltern noch Kostgeld abgeben", sagte er. In aller Eile, meine S-Bahn nicht zu verpassen, platzte es plötzlich aus mir raus: „Dann gehe doch Samen spenden! Da soll es auch Geld für geben. In Marzahn bekam man früher sogar fürs Blutspenden noch Geld. Nur deine Niere, die solltest du möglichst nicht verkaufen!"

„Gott sei Dank" fährt die S-Bahn gerade ein. Feierabend! Müde und völlig erschöpft, hoffte ich in der Bahn auf ein ruhiges Plätzchen. Diese Hoffnung platzte in dem Moment, als eine Station später, sich genau mir gegenüber zwei Frauen setzten, die sich wohl zwei Stunden nicht gesehen haben müssen und ihre 4.000 Worte pro Tag noch nicht weg hatten.

KAPITEL 10

Im November hätte eigentlich Juline aus dem Mutterschutz zurück sein müssen. Aber von ihr war nichts zu sehen. Nun musste ich, obwohl ich sie noch gar nicht kannte, eine erste Arbeitsaufforderung schreiben. Außerdem musste ich mit ihr über ihren weiteren Ausbildungsablauf sprechen, da sie ja ein Jahr ausgesetzt hatte.

Bis Anfang Dezember sah und hörte ich nichts von Juline. Auch telefonisch war sie nicht zu erreichen. Normalerweise wäre dies bereits ein Grund für eine Abmahnung. Aber ich war ja schließlich auch Sozialpädagoge und wollte den Tatsachen des Fernbleibens erst einmal auf den Grund gehen.

Ich schrieb sie also nochmals an, gleich auch mit dem Hinweis, dass ich sie nochmals zur Zwischenprüfung im Februar des Folgejahres angemeldet habe. Ich hoffte mit diesen Schrieben diesmal eine Reaktion zu bekommen.

Zwei Tage später erschien eine junge Frau mit Kind im Ausbildungsrestaurant. Herr Herling teilte mir mit, dass das Juline sei. Ich stellte fest, dass der Kochausbilder keine Ambitionen zeigte, mit Juline zu sprechen. Dies wollte er lieber dem Sozialpädagogen überlassen. Ich stellte mich Juline vor und nahm sie und ihr Kind mit in mein Büro. Sie war mir gegenüber sehr zurückhaltend, kam aber nach kurzer Zeit schnell in Schwung. Sie erzählte sehr ausführlich von ihren Problemen, Schulden bei ihrem Vermieter und Androhung der Wohnungskündigung. Hier war also schnelle Hilfe geboten. Es war meine erste größere Herausforderung als Sozialpädagoge in diesem Unternehmen. Ich telefonierte in ihrem Beisein mit der Wohnungsgesellschaft und informierte über die aktuelle Situation von Juline. Außerdem teilte ich dem Mitarbeiter mit, dass die Anträge für Kindergeld, welche noch nicht gestellt waren, jetzt an das zuständige Kindergeldamt gehen. Gleichzeitig bat ich noch etwas um Geduld und ich schlug vor, die Mietschulden in Raten mit der jeweils aktuellen Miete zu begleichen. Ich versprach dem Wohnungsunternehmen eine schriftliche Aussage mit einem von uns vorgeschlagenen Zahlungsplan zu übersenden. Mit diesem Telefonat hatte ich erst einmal Juline eine Atempause verschafft. Wir erstellten das Schriftstück und ich nahm diese Vereinbarungen in den Förderplan auf. Jetzt hatte Juline zu mir Vertrauen gefasst. Sie versprach, die Ausbildung ab sofort sehr ernst zu nehmen.

Ich nahm ihr außerdem das Versprechen ab, bei Problemen sofort zu mir zu kommen. Auch dies wurde im Förderplan verewigt.

Was ist eigentlich ein Förderplan? Kurz gesagt viel Arbeit für den Sozialpädagogen. Hier mussten alle Einschätzungen wie zum Beispiel die Probezeiteinschätzung, die Jahreseinschätzung und die Abschlusseinschätzung eingeschrieben werden. Aber das war noch nicht alles! In diesem Dokument wurden auch Selbst- und Fremdeinschätzungen, der notwendige Förderbedarf, die Stärken und Schwächen, die Problembeschreibungen mit Zielabsprachen und entsprechende Handlungsschritte niedergeschrieben. Dieser musste ständig aktualisiert und anlassbezogen genutzt werden. Hinzu kamen teilnehmerbezogene Gesprächsnotizen, wo alle geführten Gespräche mit den Azubis dokumentiert wurden. Auch die Urlaubsplanung der Azubis gehörte zu meinem Aufgabengebiet. Das ist nur ein kleiner Auszug aus den Dokumenten, die ein Sozialpädagoge bearbeiten muss.

Wie kommt es überhaupt zu so vielen Dokumenten? Jeder Bildungsträger bewirbt sich um Maßnahmen bei den Ämtern, die entsprechend ausgeschrieben werden. Und wie kommt nun ein Bildungsträger zur Bildungsmaßnahme? Hier entscheidet der „Wettbewerb" innerhalb der Riege der Bildungsträger, über einen niedrigen Angebotspreis, viel Dokumentation usw. Es geht also nicht in erster Linie um eine gute Ausbildung, eine gute und erforderliche Einrichtung und Ausstattung, aber eben auch nicht um eine fachgerechte Ausstattung mit Personal. Ich kannte ja bereits dieses Prinzip, aber was ich in Berlin-Neukölln erlebte war unübertroffen. Deshalb hatte ich ja die Aufgaben von zwei Mitarbeitern in Personalunion.

Im November wurden mir plötzlich noch zwei Azubis als Fachkräfte im Gastgewerbe im zweiten Ausbildungsjahr angekündigt. Janin und Reiner kamen von einem anderen Bildungsträger, der diese Fachrichtung nicht mehr ausbilden konnte. Janin war sehr aufbrausend und war auch der Meinung, dass sie die Ausbildung nicht schaffen würde. Reiner hingegen war sehr aufgeweckt, helle im Kopf und fachlich gut drauf. Die Zwischenprüfung hatten beide bereits hinter sich gebracht und nun hatten sie „nur" noch sechs Monate bis zur schriftlichen Abschlussprüfung. Also für mich noch einmal zwei Azubis mehr.

KAPITEL 11

Es war die Zeit gekommen, als die ersten Auszubildenden in ein Praktikum gehen mussten. Dafür standen diverse Restaurants und Hotels zur Verfügung, die
sich bereit erklärt haben, die Ausbildung praxisnah als
Praktikum durchzuführen.

Ich erstellte einen Plan, wonach ein Teil der Azubis
in das Praktikum gehen, aber auch ein Teil zur Auf-
rechterhaltung unseres Ausbildungsrestaurants bei uns
bleiben sollten. Das Praktikum ging jeweils drei Monate
und dann sollte der Wechsel erfolgen.

Für zwei Köche, Kai und Timmi hatten wir ein sehr
gutes Hotel gefunden, dass die beiden bei einer guten
und zuverlässigen Arbeitsweise in das dritte Lehrjahr
übernehmen möchten. Bei Timmi hatte ich keine Bedenken, da er grundsätzlich sehr zuverlässig war. Bei
Kai sah die Sache etwas anders aus. Er war alleiner-
ziehender Vater, hatte gerade mit seinem Sohn eine
eigene Wohnung bezogen, war aber auch nicht sehr

zuverlässig was die Ausbildung betraf. Auch die Berufsschule war nicht unbedingt sein Steckenpferd.

Aber warten wir es ab. Beide gingen mit sehr gro-
ßem Optimismus in das Praktikum und der Aussicht auf
eine feste Übernahme in eine betriebliche Ausbildung.

Manny wollte auch unbedingt in ein Praktikum gehen, aber ihn hielt ich bewusst zurück. Ich hatte den
Verdacht, dass er Drogen zu sich nimmt. Noch nicht in
Übermaßen, aber doch genug um einen Schaden für
sich und unser Unternehmen anzurichten. Er war auch
nicht gerade ein friedlicher Mensch, wenn er sich unge-
recht behandelt fühlte. Und das passierte sehr oft. Er
drohte sogar dem Ausbilder mit Schlägen. Auch er bekam öfter eine Arbeitsaufforderung und Abmahnungen.
Allein seit ich im September 2010 in das Unternehmen
eingetreten bin, waren es vier Arbeitsaufforderungen
und eine Abmahnung. Aber ich glaube, geholfen hat es
nichts. Er machte so weiter wie immer. Seit Mitte November blieb er bis Januar 2011 der Ausbildung und
der Berufsschule komplett fern. Wir versuchten noch
gemeinsam mit der Ausbildungsleiterin im Gespräch

den jungen Mann umzustimmen. Er war der Meinung, die Ausbildung unbedingt fortsetzen zu wollen und kam gleichzeitig auf seine Drogenprobleme zu sprechen. Er müsse mindestens einmal täglich etwas nehmen, damit er einigermaßen den Tag überstehen kann. Wir boten ihm an, mit einem weiteren Kollegen aus unserem Unternehmen, der auf Drogenprobleme spezialisiert ist, ein Gespräch zu führen. Er versprach alles zu tun, um die Ausbildung fortsetzen zu können. Leider waren das alles leere Versprechungen. Er erschien weder bei genannten Kollegen, noch zur Ausbildung. Was sollten wir noch tun? Bei anderen Bildungsträgern hatte ich immer ein Team von Spezialisten, weitere Sozialpädagogen, Psychologen und Ausbildern zur Verfügung, die sich im Team mit solchen Problemfällen auseinander setzten.

Hier im Unternehmen fühlte ich mich diesbezüglich ziemlich allein gelassen.

Wie ich am Ende des Jahres 2010, also fasst vier Monate meines Daseins in diesem Bildungsträger, aber auch beim Jobcenter in Berlin-Neukölln feststellen musste, nahm man es mit der Menge der Abmahnungen nicht so genau. Zwischendurch musste ich den Azubis halt einfach eine Arbeitsaufforderung schreiben, dann wieder Abmahnungen und so ging es die vielen Jahre weiter. Ich hatte immer den Eindruck, ich kämpfe gegen Windmühlen. Ich verstand dann aber auch, dass jeder Azubi, der entlassen wird, dem Bildungsträger kein Geld mehr bringt. Also war das Motto „Durchziehen, so lange wie möglich" und wenn es auch nur auf dem Papier ist.

Nur die IHK verstand dieses Prinzip nicht ganz. Denn wenn wir Azubis wegen der vielen Fehlzeiten nicht zur Prüfung zulassen wollten, kam immer die Frage warum? Also blieb es an mir hängen der IHK mittels einer Stellungnahme die Gründe für die Nichtzulassung zu erläutern. Daraufhin kam die Gegenfrage zurück, „Wieso wird der Azubi bei diesen Fehlzeiten und Abmahnungen immer noch beschäftigt"? Eine logische Erklärung konnte ich eigentlich nie schreiben. Also ging dieses Spiel immer so weiter, man gewöhnt sich irgendwann daran. Ich hatte allerdings mit meinen

Ansichten von einer ordentlichen Arbeit und einer sozialen Verantwortung eine etwas andere Vorstellung. Diese prallte dann aber immer an unserer Ausbildungsleiterin ab. Denn wie gesagt, ich muss immer an das Motto „Durchziehen, so lange wie möglich"! denken!

KAPITEL 12

Die Zeit verging und schon stellte sich die erste Weihnachtsfeier in unserem Bildungsträger ein. Diese fand, wie ich erfahren musste immer in unserem Ausbildungsrestaurant statt. Unsere Kollegen mit ihren Auszubildenden hatten also die Arbeit und die anderen Kollegen konnten feiern. Tolle Gerechtigkeit. Es war schließlich schon immer so und sollte auch die nächsten Jahre so bleiben. Das Ausbildungsrestaurant war festlich eingedeckt, der Weihnachtsbaum geschmückt und das alles hatte unser Ausbilder mit den Auszubildenden des Service vollbracht. Die Azubis der Küche mit ihrem Ausbilder hatten auch alle Hände voll zu tun, denn es sollte ein großes Buffet für fast 100 Kollegen entstehen. Dafür blieb heute das Restaurant für die Öffentlichkeit geschlossen.

Den Auszubildenden machten diese Arbeiten sehr viel Spaß, denn solche Aktionen gab es bei uns ja sehr selten. Für eine komplette Ausbildung hatten wir leider nur begrenzte Möglichkeiten. So war zum Beispiel das eindecken von festlichen Tafeln nur in geringem Umfang möglich, da wir entsprechendes gestalterisches Material nicht zur Verfügung hatten. Nun würde jeder sagen, dann kauft es doch! Dachte ich auch und machte entsprechende Vorschläge. Doch der Projektleiter, Herr Moll erklärte mir, dass für eine höherwertige Ausbildung bei diesem Bildungsträger kein Geld zur Verfügung steht. Bis vor einigen Jahren soll dies noch anders gewesen sein.

Nun aber zurück zu meiner ersten Weihnachtsfeier bei meinem neuen Arbeitgeber. Gegen 16 Uhr kamen langsam die Kollegen in unser Ausbildungsobjekt. Ich musste mit Entsetzen feststellen, dass zwei Kolleginnen bereits angetrunken waren. Aber was soll`s, so etwas gibt es ja auch in anderen Unternehmen.

17 Uhr saßen dann alle an ihren Tischen, nur die Kollegen der Gastronomieausbildung hatten leider keine Plätze. Es waren mehr Kollegen gekommen als avisiert. Der Niederlassungsleiter hielt erst einmal seine Weihnachtsansprache, hob positives aber auch negatives hervor, gab Zahlen bekannt und aus meiner Sicht war die Rede viel zu lang. Die Kollegen störte es aber

offensichtlich nicht, denn sie ließen sich während der Ansprache bereits mit meist alkoholischen Getränken versorgen. Nun hatten wir eben Zeit unsere Azubis während der Arbeit zu beobachten und mit Hinweisen zu versorgen. Schließlich hatten wir den Anspruch, dass aus gastronomischer Sicht der Abend ein voller Erfolg wird.

Zum Schluss der Rede lud der Boss die Kollegen zum weihnachtlichen Buffet ein, welches unsere Kochazubis inzwischen aufgebaut hatten. Nun hatten wir, das Ausbildungsteam mit unseren Azubis die Gelegenheit gemeinsam im Aufenthaltsbereich der Ausbildungsstätte die noch Verfügbaren „Reste" zu genießen.

Heute durften die Azubis zu späterer Stunde, sie waren alle bereits volljährig, auch ein Glas Bier oder Wein trinken. Wir bedankten uns noch einmal persönlich für die erbrachten guten Leistungen des heutigen Tages.

Zwischenzeitlich ging die Weihnachtsfeier weiter, unser Service kümmerte sich um die Getränke und die Köche setzten das Buffet, soweit erforderlich nach. Die Azubis fragten auch unsere Gäste, ob alles zur Zufriedenheit ist, und ob es schmeckt. Das Urteil war einstimmig – es hat geschmeckt.

Jetzt kam für die Mitarbeiter der Höhepunkt des Abends – die Weihnachtsgeschenke wurden von der Führung der Niederlassung verteilt. Anschließend kam der Niederlassungsleiter nach hinten und brachte für die Kollegen der Gastronomie die Geschenke. Hier sah ich bereits den Unterschied in der Wertung der Kollegen. Die einen vorn, die anderen hinten. Aber unsere Kollegen, die bereits länger im Unternehmen waren, sahen dies mit Humor.

Gegen 22 Uhr verabschiedeten sich die meisten Kollegen. Nur der Niederlassungsleiter und drei weitere Kollegen saßen noch im Raum und ließen sich noch bedienen. Der Alkohol war bereits den ganzen Abend in Strömen geflossen. Aber es war ja noch etwas da. Hier muss ich erklären, dass in unserem Ausbildungsrestaurant normalerweise kein Alkohol ausgeschenkt wird und damit in der Regel keiner vorhanden ist.

Wir konnten uns jetzt auch mit an den Tisch des Niederlassungsleiters setzen und auch noch etwas zum Abschluss trinken. Nachdem alle Kollegen fort waren, erfuhren wir von Plänen, die noch keiner kannte. Es gab bereits Gespräche mit einem Chinesischen Partner zur Ausbildung von Altenpflegern in Deutschland. Da die chinesischen Auszubildenden ja auch untergebracht und verköstigt werden müssen, kam die Idee auf, doch gleich ein kleines Hotel oder Wohnheim anzumieten und mit unserer Gastronomieausbildung zu verbinden. Wir aus dem gastronomischen Resort bekamen große Augen, denn das war für uns das wahre Weihnachtsgeschenk.

Ich kann hier bereits vorweg nehmen, dass die Worte des Niederlassungsleiters nur heiße Luft waren. Das Projekt kam nie zustande.

Es war bereits nach Mitternacht und jetzt war endlich auch für uns Schluss, denn die Gastronomie hat ja immer noch die Aufgaben des Aufräumens zu erledigen. Anschließend gingen wir sowie die Azubis zufrieden nach Hause. Der Abend war aus unserer Sicht gelungen.

So, jetzt noch zwei Tage arbeiten und dann geht es für alle in den Weihnachtsurlaub. Wir und natürlich erst recht die Azubis freuen sich auf die elf freien Tage. Ich musste die letzten Probezeiteinschätzungen für den Jahrgang 2010 schreiben und dann noch gemeinsam mit den Ausbildern und den Azubis diese Einschätzungen bekannt geben. Im Großen und Ganzen konnten wir mit diesem Jahrgang bisher zufrieden sein. Bis auf einige Ausrutscher bekam das Jobcenter eine gute Probezeiteinschätzung über die uns anvertrauten Azubis.

Die Bereiche Küche und Service führten noch die Jahresinventur durch und am letzten Tag wurde noch einmal klar Schiff gemacht, damit wir im neuen Jahr einen guten Start in einer sauberen Ausbildungseinrichtung hinlegen konnten.

KAPITEL 13

Das neue Jahr hat begonnen. Der erste Arbeitstag ist angebrochen und ich war gespannt, wie viele Azubis zum ersten Ausbildungstag im neuen Jahr erscheinen? Es müssten eigentlich 22 der beiden Berufsgruppen sein. Aber es ist ja erst 6:55 Uhr und nur der Herr Moll und ich sind vor Ort. Das Ausbilderteam beginnt den Arbeitstag bereits sieben Uhr damit die Wochenarbeitszeit erfüllt werden kann. Wie bekannt, gibt es nur eine Ausnahme, der Ausbilder der Köche, Herr Herling. Dieser kommt mit Wissen der Ausbildungsleiterin immer zehn bis fünfzehn Minuten später. Etwa zur gleichen Zeit wie die Auszubildenden antreten müssten. Ich weiß nicht, warum der Kochausbilder bei Frau Hager einen solchen Sonderstatus hat, so daß er machen kann, was er will.

Es kamen die ersten Azubis, pünktlich aber ohne den bewussten Ausbilder. Herr Moll und ich schauten uns an und mussten bereits lachen, da heute Toben und Chantalle super pünktlich waren. Das ist ja nicht immer so.

Es war Anfang 2011 und Manny war seit November 2010 nicht mehr erschienen. Mir blieb also nichts anderes übrig, als in Abstimmung mit dem verantwortlichen Arbeitsberater vom Jobcenter, eine Kündigung für Manny vorzuschlagen. Denn auch seine fachlichen und schulischen Leistungen blieben weit hinter dem erforderlichen Anforderungen zurück.

Ende Januar stürmte plötzlich der bereits gekündigte Manny in unser Restaurant, stark mit Drogen versetzt und drohte den Ausbildern und auch mir mit Schlägen und noch Schlimmeres. Er würde mit seinen Kumpels wiederkommen und alle aufmischen. Er ließ sich nur sehr schwer beruhigen, aber schließlich konnten wir ihn mit einem warmen Essen zur Ruhe bringen. Er hatte offensichtlich auch schon seit Tagen nichts mehr gegessen. Nachdem er alles mit einem Nachschlag aufgegessen hatte, bat ich ihn in mein Büro. Ich wollte natürlich nicht mit ihm alleine sprechen und bat gleichzeitig seinen ehemaligen Kochausbilder hinzu. Dieser kam mit den Ausflüchten, er könne zur Mittagszeit nicht weg und die Azubis können auch nicht alleine in der Küche bleiben. Komisch, sonst ging das immer. Also bat ich Herrn Moll, den Ausbilder Service zum Gespräch hinzu. Dieser kam auch sofort mit, da er die Situation richtig einschätzte.

Nun saßen wir zu dritt in meinem Büro. Ich sagte erst einmal nichts, ich wollte Manny kommen lassen. Ihm war die Situation offensichtlich sehr peinlich obwohl er zu Beginn seines „starken" Auftritts noch die große Klappe hatte.

Plötzlich kam es aus ihm heraus: „Ich möchte die Ausbildung fortsetzen. Ich mache auch eine Drogentherapie, aber ich will zurückkommen". Jetzt war es also raus, und Manny hat gemerkt, dass mit seinem Auftreten kein Blumentopf zu gewinnen war.

Stille. Nachdenken. Wie sollte ich herangehen? Ich wandte mich Manny zu: „Ich weiß, dass du große Probleme hast, aber mit diesen Drogenproblemen hast du definitiv keine Chance mehr, eine Fortsetzung oder auch eine neue Ausbildung durch das Jobcenter zu bekommen". Da fiel mir ein, dass ich eine Adresse für Drogenberatung habe. Diese suchte ich schnell heraus und gab sie Manny. Ich empfahl ihm, so schnell wie möglich dorthin zu gehen.

Ich sah meinen Kollegen an und sagte: „Manny, mehr können wir erst einmal nicht für dich tun, wir wünschen dir für die Zukunft alles Gute. Ich gab ihm noch mit auf den Weg, dass, wenn er Probleme hat, jederzeit zu mir kommen könne.

Damit verabschiedeten wir Manny. Und der „normale" Ausbildungswahnsinn konnte weitergehen.

KAPITEL 14

Anfang des Jahres findet immer die Grüne Woche in Berlin statt. Ich besprach mit unserem Team, diese Veranstaltung im Rahmen der Ausbildung zu besuchen. Von mir kam der Vorschlag, diese Maßnahme als Teil der sozialpädagogischen Betreuung zu begründen. Ich schrieb ein entsprechendes Konzept und reichte es vier Wochen vorher bei der Niederlassungsleitung ein um die notwendigen Gelder zu bekommen. Ich hatte zusätzlich als Bildungsauftrag einen Vortrag über Süß- und Salzwasserfische eingeplant und bei der Messe angemeldet.

Jetzt bedurften erst einmal andere Azubis meiner Aufmerksamkeit.

So Anina, eine meiner Schützlinge seit 2010. Sie war nicht unbedingt die Hellste, aber man konnte sich einigermaßen auf sie verlassen. Sie lernte Köchin im ersten Ausbildungsjahr.

Schulisch benötigte sie viel Nachhilfe, aber das war bei meinen Azubis ja nichts Neues.

Anina war jedoch besonders: Sie war pummelig – was dem Berufsbild ja eigentlich nicht im Wege steht – wie bereits gesagt, sie war nicht die Hellste – was schon schwieriger war – aber eben auch nicht die Schnellste. Und sie war sehr schüchtern und zurück-haltend.

Sie konnte jeden Tag ihrer Ausbildung an der Ge-schirrspülmaschine stehen, und es machte ihr nichts aus. Bei dieser Arbeit musste sie ja nicht unbedingt mitdenken. Anina versuchte ja sich grundsätzlich im Hintergrund zu halten, was ihr bei dem Ausbilder auch meistens gelang. So wichtig war eine direkte Ausbil-dung ja doch nicht! Aber dazu später.

Eine Begebenheit mit Anina wird mir immer in Erin-nerung bleiben:

Es war ein Montag im Frühjahr 2011, die neue Aus-bildungswoche hatte begonnen und es waren zufälli-gerweise alle Auszubildenden am Arbeitsplatz.

Anina hat sich im ersten halben Ausbildungsjahr auf einem Gebiet tatsächlich spezialisiert. Sie ist inzwischen die beste Auszubildende unter den Köchen, die ein komplettes Frühstücksbüfett ohne nachfragen fertig stellen konnte. Und, es war auch noch pünktlich 9.00 Uhr zur Frühstückspause Bereit.

Für Anina, aber auch für das Ausbilderteam war dieser Schritt ein großer Erfolg.

Dann kam der Dienstag in derselben Woche. Das Ausbilderteam saß wie jeden Morgen beim ersten Kaffee und wir besprachen den Tag oder wir quatschten auch nur mal so. Es war ja noch vor Beginn der offiziellen Arbeitszeit. Nach und nach trafen unsere Schützlinge ein und zogen sich um. Circa eine halbe Stunde nach Ausbildungsbeginn waren dann alle Auszubildenden am Platz. Halt! Eine fehlte heute. Anina fehlte! Sie war noch nicht erschienen und an ihr Handy (in der Funktion als Sozialpädagoge musste ich die fehlenden Azubis immer anrufen) ging sie ebenfalls nicht. Die Ausbildung begann und ich nahm die ersten Beiden mit zum Stützunterricht. Anina wollte ich später noch einmal anrufen.

Zwei Stunden später (Anina müsste jetzt eigentlich wach sein) habe ich noch einmal zum Telefonhörer gegriffen, um mich nach dem Befinden bzw. dem Grund der Abwesenheit zu erkundigen. Jedoch dasselbe Ergebnis wie am Morgen. Anina ging nicht ans Telefon.

Nun ja. Ich musste mich wohl heute damit abfinden und trug die erfolgten Maßnahmen (Telefonanrufe ohne Ergebnis) in den Förderplan ein.

Der Arbeitstag verging ohne weitere Probleme.

Der Mittwochmorgen sah da schon anders aus. Das Ausbilderteam saß wie bereits beschrieben beim Morgenkaffee. Der Ausbilder Service, Herr Moll hatte wie schon so oft süße Teilchen vom Bäcker mitgebracht und wir hatten es uns gemütlich gemacht. Es war ja noch vor Arbeitsbeginn.

Auch heute trafen die Azubis nach und nach in größeren Abständen ein. Der Beginn der Anwesenheit verzögerte sich heute etwas mehr, es war ja immerhin schon Mittwoch.

Plötzlich erschien Anina! Wir schauten sie mit großen Augen an, nur Anina konnte damit nichts anfangen. Wir ließen ihr erst einmal Zeit sich umzuziehen. Anschließend riefen wir sie zu uns. Wir wollten natürlich wissen, wo sie gestern war?

Auf unserer Frage: „Wo warst du denn gestern?" kam erst einmal eine kurze aber stille Pause. Dann fasste sich Anina wieder und sagte: „Gestern war doch Sonntag". Jetzt waren wir aber alle erstaunt, denn wir und die anderen Azubis waren gestern arbeiten. Hatten wir uns also alle im Tag geirrt und waren versehentlich zur Arbeit und Ausbildung gefahren? Oder wo lag der Fehler bzw. unser oder Aminas Irrtum?

Ich teilte Anina mit, das gestern Dienstag, also ein ganz normaler Ausbildungstag war. Immerhin war sie ja auch am Montag in der Ausbildung. Das konnte Anina gar nicht verstehen.

Ich frage sie noch, was sie denn den ganzen Tag gemacht hat und informierte sie über meine Telefonanrufe. Jetzt war Anina doch etwas unruhig. Sie teilte uns mit, dass sie den ganzen Tag geschlafen habe, was sie sonst auch sonntags macht.

Nachdem sie mitbekommen hatte, dass gestern kein Sonntag, sondern Dienstag war, war sie doch peinlich berührt und entschuldigte sich bei uns.

Ich teilte ihr noch mit, dass sie dafür natürlich einen Fehltag bekommt. Ein persönliches Gespräch, wie vor-geschrieben, habe ich ihr für später versprochen und sie in die Ausbildung entlassen.

KAPITEL 15

Unsere Azubine Jessyka aus dem Service war fachlich eine durchaus gute Auszubildende. Jedoch auch sie hatte es nicht so mit der Berufsschule. Anderthalb Jahre ging alles soweit ganz gut. Doch plötzlich hatte Jessyka keinen Bock mehr auf Schule. Es half alles Reden nichts. Auch sie hat im Jahr 2010 bereits fünf Arbeitsaufforderungen erhalten. Eine Abmahnung oder eine Information an das Jobcenter gab es bisher nicht. Damit musste ich nun beginnen. Zunächst bekam sie eine erste Abmahnung und das Jobcenter wurde über ihr Verhalten auch informiert. Schließlich hatte ich die Aufgabe alles zu dokumentieren und das Jobcenter zu informieren.

Im Februar mussten wir alle Azubis des Jahrganges 2009 (Fachkraft im Gastgewerbe) und alle Köche des Jahrganges 2008 zur Abschlussprüfung anmelden.

Jessyka konnte mit über 50% Fehlzeiten nicht für eine Abschlussprüfung überzeugen. Im Januar hat sie mir außerdem mitgeteilt, dass sie nicht mehr zur Berufsschule gehen werde. Uns blieb also nichts anderes übrig, als sie mit einer Ablehnung zur Abschlussprüfung zu bedenken. Von der IHK kam dann auch später, nach einer Anhörung die Ablehnung zur Prüfung. Es wurde festgestellt, dass sie nicht in der Lage ist, die Prüfung abzulegen. Auch ich hatte ja keine Möglichkeit, den entsprechenden Berufsschulstoff mit ihr zu pauken. Sie hatte sich ja immer entzogen. Bis zu einer endgültigen Entscheidung was mit ihrer Ausbildung passieren soll, schickten wir sie in ein Praktikum. Im Mai kam dann die Entscheidung vom Jobcenter, die Ausbildung zum Sommer planmäßig auslaufen zu lassen. Ich besuchte Jessyka in ihrem Ausbildungsbetrieb und teilte ihr die Entscheidung mit. Ich dachte, sie ist bestürzt, aber nichts da. Sie nahm es gefasst auf und sagte: „Dann melde ich mich eben extern zu einer Prüfung bei der IHK an".

Sie kam noch ab und zu in unser Ausbildungsrestaurant, manchmal mit ihrem Kind und Hund und es schien ihr gut zu gehen. Später habe ich dann erfahren, dass sie sich im Jahr 2013 zu einer Facharbeiterprüfung bei der IHK angemeldet hat und die Prüfung erfolgreich

abschloss. Alle Achtung! Hätte ich nicht von ihr gedacht.

Heute bekamen wir die Bestätigung für unseren
Messebesuch zur Grünen Woche. Die Gelder waren
bewilligt und wir bestellten die Eintrittskarten. Zwei Tage später fuhren wir dann mit 15 Azubis mit der S-Bahn
zur Messe. Bis zum geplanten Vortrag hatten wir noch
gut zwei Stunden Zeit. Unsere Azubis bekamen für diesen Tag den Auftrag, diesen Messebesuch aus fachli-
cher Sicht in schriftlicher Form zu dokumentieren. An
einen der nächsten Fachausbildungstage wollten wir
uns dann diese Vorträge von unseren Azubis anhören.

Ich konnte allerdings diese Vorträge später nur noch
einsammeln, da die Fachausbildungstage für die Zukunft gestrichen wurden. Wieder ein Minuspunkt für die
Ausbildung bei Bildungsträgern. Es diente schließlich
nur der Gewinnoptimierung, da ja sonst das Ausbildungsrestaurant für die Öffentlichkeit geschlossen
blieb. Die Zeit für die eigentliche Ausbildung wurde
immer knapper.

KAPITEL 16

Zwischenzeitlich gab es einen Praktikumswechsel, die einen kamen zurück, die anderen gingen. So wurde erreicht, dass alle ein Praktikum absolvieren. Dieses Praktikum ist übrigens ein Bestandteil des Ausbildungsvertrages in einer überbetrieblichen Ausbildung.

Timmi und Kai waren jetzt schon einige Monate im Praktikum. Der Küchenleiter des Hotels war mit Timmi sehr zufrieden, nur mit Kai scheint es Probleme zu geben. Also fuhr ich zum Hotel John F. (Kennedy ist hier gemeint) um mich persönlich zu erkundigen. Im Hotel angekommen, begrüßte mich der stellvertretende Hoteldirektor. Der Küchenchef hatte noch ca. eine halbe Stunde zu tun und wollte dann zu uns stoßen. Es war ein sehr unterhaltsames Gespräch, aber noch nicht über unsere beiden Azubis. Wir stellten einige gemeinsame Berufserlebnisse fest, was sehr amüsant war und dann hatte ich noch die Gelegenheit das Hotel zu besichtigen. Es ist für mich jedes Mal eine neue Erfahrung, denn jedes Hotel hat seine eigene Struktur und sein eigenes Ambiente. Bei diesem Hotel stand eindeutig, wie der Name des Hotels schon zur Aussage bringt, die USA in Person des früheren Präsidenen John F. Kennedy Pate.

Jetzt war es soweit, der Küchenchef hatte zwanzig Minuten Zeit und wir konnten uns ausführlich unterhalten. Über Timmi kamen nur lobende Worte. Der Küchenchef kam gleich mit dem Hinweis, wenn er so weiter macht wird er im dritten Ausbildungsjahr direkt vom Hotel übernommen.

Kai war leider des Öfteren krank bzw. sein Kind, was aber für den Betrieb keinen Unterschied machte. Die Arbeitsleistungen waren bei Kai nicht weit her. Der Küchenchef meinte, er hat einfach keinen Bock und er wird mit seinen Leistungen nie eine Prüfung schaffen. Und eigentlich will er Kai nicht mehr in seiner Küche sehen. Damit war für Kai die Praktikumszeit beendet und die Chance der Übernahme in eine betriebliche Ausbildung vertan. Da Kai zurzeit gerade wieder krankgeschrieben war, konnte ich mit ihm auch nicht reden. Dafür war Timmi im Dienst. Er kam aus der Küche mit einem freudigen Gesicht, man merkte, dass ihm die Ausbildung hier im Hotel einfach nur Spaß machte. Er selbst bestätigte dies und freute sich über die Einschätzung des Küchenchefs. Eigentlich war Timmi froh, nicht wieder zurückkommen zu müssen.

KAPITEL 17

Es war Mai und die Vorbereitungen für die theoretische Abschlussprüfung waren abgeschlossen. Jetzt konnten wir nur noch hoffen, dass die Azubis zur Prüfung gehen und das ohne Prüfungsangst. Ich hatte in den letzten Jahren bei Bildungsträgern immer wieder festgestellt, dass viele dieser Jugendlichen Prüfungsangst hatten. Wenn ich es vorher wusste, konnte ich etwas dagegen tun und meine Azubis in diese Richtung vorbereiten. Diesmal gab es hoffentlich Keinen mit dieser Angst. Mir war jedenfalls nichts bekannt. Es gingen fünf Azubis aus dem Service zur Prüfung. Und was soll ich sagen, alle haben die theoretische Prüfung bestanden. Nun war ich guter Hoffnung, dass auch alle die praktische Prüfung bestehen, denn diese Azubis hatten mit Herrn Moll einen sehr guten Ausbilder.

Für die Auszubildenden, die in diesem Sommer ihre Abschlussprüfung haben bedeutet dies auch, dass sie sich bei der Agentur für Arbeit melden müssen. Hierüber führte ich mit ihnen noch ein Gespräch und ließ sie für diese „Belehrung" auch unterschreiben. Denn ich hatte in den vielen Jahren meiner Arbeit mit Jugendlichen festgestellt, dass ich lieber alles unterschreiben lasse. Die meisten hatten ja ein Kurzzeitgedächtnis.

So wie unser Kochazubi Jemy. Er war der älteste Azubi im Bereich Gastronomie bei diesem Bildungsträger. Seit dem Jahre 2009 absolvierte er seine Ausbildung und sollte 2011 die Prüfung zum Facharbeiter ablegen. Bei Jemy musste ich immer wieder feststellen, dass er ein sehr großes Kurzzeitgedächtnis hat. Besonders in der Küche fiel mir das auf. Wenn der Ausbilder sagte, „Jemy du bist heute für die Sättigungsbeilage verantwortlich", kam erst einmal die Gegenfrage „Welche?". Es gab allerdings eine Wochenspeisekarte, von der alles abzulesen war. Er ging also an die Infowand, wo alle Informationen für die Küche und deren Azubis zu lesen waren. Jemy las heute „Pariser Kartoffeln". Ich sah bei ihm im Gesicht bereits das Fragezeichen. „Was sind Pariser Kartoffeln" fragte er seinen Ausbilder. Der starrte ihn ungläubig an. „Was soll diese Frage, du hast in den letzten zweieinhalb Jahren diese doch schon des Öfteren gemacht!". Aber nicht Jemy. „Hab ich noch nie gemacht, hatten wir noch nie!".

Nun begannen also erneute Erläuterungen zu Pariser Kartoffeln. Für die „jüngeren" Azubis war es eine gute Wiederholung. Und Jemy stellte nach kurzer Zeit fest, „Hab ich doch schon öfter gemacht, das brauchen sie mir nicht noch einmal zu erklären!". So war Jemy. Immer ein Kurzzeitgedächtnis, aber in der Qualität der Arbeit oft ganz gut. Jemy hatte ja noch etwas Zeit bis zu seiner Abschlussprüfung. Mit einem Praktikum tat er sich schwer. Er wollte einfach nicht gehen. Wie ich von den Ausbildern erfahren habe, hat er es immer geschafft, um ein Praktikum herum zu kommen.

KAPITEL 18

Es war bereits Ende Mai 2011 und für mich war bereits ein dreiviertel Jahr bei diesem Bildungsträger rum.

Das bedeutete für meine Kollegen aber auch für mich die Meldepflicht beim Arbeitsamt. Wieso eigentlich? Na wir waren doch alle für ein Jahr befristet eingestellt und das Jahr für Jahr. Also, wie immer unser Abo bei der Agentur für Arbeit verlängern, wenn wir Glück hatten, wird es im September ja weitergehen. Aber das sollten wir erst im August erfahren.

Also anrufen bei der Agentur für Arbeit und zum September vorsorglich arbeitssuchend melden. Ich konnte damit rechnen, nach ca. drei Wochen einen Termin bei meinem oder wieder einmal einen neuen Arbeitsberater zu bekommen. So war es auch diesmal. Mitte Juni hatte ich bereits einen Termin. Dies teilte ich meiner Ausbildungsleiterin mit. Ich sagte noch: „ Oder sie geben mir schriftlich eine Zusage der Weiterbeschäftigung ab September". „Das geht doch nicht" war ihre Antwort. Nun musste ich diesen Termin eben wahrnehmen. Es war der 21. Juni und ich war pünktlich bei der Agentur. Ich wurde von einem neuen Arbeitsberater herein gebeten. Zuerst wie jedes Jahr die Daten abstimmen. Bewerbungsunterlagen, die mitgebracht werden mussten, durchsehen und Hinweise empfangen. Dann kam es zu den Zukunftsaussichten beim Arbeitgeber. Ich sagte „Die Hoffnung stirbt zuletzt". Mein lieber Berater war aber der Meinung von mir wöchentlich vier bis fünf Bewerbungen abzufordern und einmal monatlich vorzulegen. Hier musste ich erst einmal wiedersprechen und ihn aufmerksam machen, dass ich ja immer noch einen Vollzeitjob habe. Wir konnten uns einigen auf fünf Bewerbungen im Monat. Damit war der erste und hoffentlich der letzte Termin in diesem Jahr vorbei.

KAPITEL 19

Seit März erscheint Juline trotz Arbeitsaufforderungen, Abmahnungen, Gesprächsaufforderungen bei der Ausbildungsleiterin und beim Jobcenter zum ersten Mal wieder in der Ausbildung. Sie bringt einen Krankenschein vom März mit, hat aber keine Begründung, warum sie so lange unentschuldigt gefehlt hat. Sie gelobt Besserung, was aber nicht glaubhaft rüberkommt. Ein kontinuierlicher Stütz- und Förderunterricht ist mit Juline nicht möglich, da sie entweder nicht anwesend ist oder sich nicht an die Termine zum Stützunterricht hält. Die Ausbildung hält sie gerade mal eine Woche durch. Seit heute ist sie für eine Woche wieder krank. Da sie im Februar auch nicht zur Zwischenprüfung gegangen ist, hatte ich sie noch einmal angemeldet. Diesmal für den Herbst 2011, also genau ein Jahr nach ihrer regulären Zwischenprüfung. Damit schlug ich ihr vor, sofort mit der Vorbereitung auf dies Prüfung zu beginnen. Sie hatte ja immerhin sehr viel Stoff, nicht nur bei uns, sondern auch in der Berufsschule verloren.

Das Ergebnis der ersten beiden simulierten Zwischenprüfungen war sehr ernüchternd.

Kurz zusammengefasst: Es gab keine Struktur, die Zeit war weit überschritten, Arbeitsschritte fehlen komplett, also hatte sie mit dieser Arbeit keine Chance eine erneute Zwischenprüfung zu bestehen.

Wir versuchten eine erneute Prüfungssimulation. Ich gab Juline vorher noch konkrete Erläuterungen und hoffte diesmal auf ein besseres Ergebnis. Ich gab ihr diesmal mehr Zeit, damit sie ohne Druck arbeiten konnte. Leider war auch dieses Ergebnis niederschlagend.

Sie hatte den Text nicht richtig gelesen. Erneut ließ ihre Arbeit keine Strukturen erkennen und das Schlimmste, Juline hatte offensichtlich trotz einer klaren Formulierung die Aufgabe nicht verstanden (es war aber eine Aufgabe aus dem ersten Berufsschuljahr).

Auch mit dieser Arbeit hatte sie keine Chance. Wir führten gemeinsam als Ausbildungsteam ein Gespräch mit Juline zu diesen Simulationen. Ihre Antwort war sehr eindeutig: „Ich kann die Aufgaben nicht verstehen". Da sie sehr viel, auch in der Berufsschule gefehlt hat, konnten wir das nachvollziehen. Sie versucht ihr

Bestes, will die Ausbildung durchziehen. Aus Sicht des Ausbildungsteams ist eine entsprechende Motivation aber nicht vorhanden.

Danach fehlte Juline erneut unentschuldigt. Ich erreichte sie telefonisch, sie teilte mir mit, dass sie große Probleme hat. Sie will aber nicht darüber sprechen.

Nach vier Tagen kam Juline am Vormittag mit ihrem Kind zur Ausbildung und wollte mit mir sprechen. Ich ahnte bereits Schlimmes, und ich sollte mich nicht täuschen.

Juline war bereits seit zwei Monaten mit ihrem Kind obdachlos. Oh Gott, dachte ich, nicht auch noch so ein Problem. Ich hörte mir die ganze Geschichte an und musste feststellen, dass die Hilfe, die ich ihr zu Beginn gewährt hatte ins Leere gelaufen ist. Die Miete hatte sie weiterhin nicht gezahlt, was die Wohnungskündigung zur Folge hatte. Sie übernachtete seit Monaten bei Freunden, zwielichtigen Kumpels und brachte ihr Leben, aber auch das ihres Kindes nicht mehr auf die Reihe.

Glücklicherweise hatten wir im Haus die „Neue Treberhilfe" sitzen. Ich rief sofort an und bekam auch gleich einen Termin. Wir gingen zusammen nach oben in das Erdgeschoss. Wir wurden von der Kollegin der Treberhilfe freundlich empfangen. Sie hörte sich die Probleme an und bat uns um zwei Tage Geduld. Sie fragte Juline noch, ob sie noch zwei Tage eine Unterkunft hätte. Juline bejahte das und war froh, dass ihr nun endlich mit ihrem Wohnungsproblem geholfen wird. Die Kollegin von der Treberhilfe hielt Wort und rief mich an. Ich solle mit der Auszubildenden möglichst noch am gleichen Tag zu ihr kommen. Da heute Juline zur Ausbildung erschienen war, konnten wir uns also sofort auf den Weg machen. Die Kollegin hatte für Juline mit ihrem Kind ein Zimmer im Wohnheim der Treberhilfe in Neukölln gefunden. Sie konnte noch heute einziehen und hatte erst einmal eine Unterkunft. Damit war dieses Problem erst einmal gelöst, schneller als ich dachte.

An diesem Tag musste ich wieder einmal unsere Kochazubine Anina zum Gespräch bitten. Ich habe

Anina mitgeteilt, dass ihre Klassenleiterin der Berufsschule sie wegen ihrer Fehlzeiten in der Schule evtl.
nicht zur Zwischenprüfung zulassen will. Ich habe ihr
erläutert, dass sie damit auch keine Zulassung zur Abschlussprüfung erhält.

Auf ihr schriftliches Versprechen von Anfang des
Jahres 2011 angesprochen, war sie der Meinung, dass
alles besser geworden ist. Ich teilte ihr die Meinung
des Ausbildungsteams mit: „Sie ist zu langsam, un-
pünktlich, nimmt ihre Meldepflicht bei Abwesenheit
nicht ernst, muss auf Arbeit aufmerksam gemacht
werden". Unter diesen Voraussetzungen wird sie das
Ziel der Ausbildung nicht schaffen. Auch ihre Fehlzeiten sind enorm angewachsen. Obwohl sie bereits zwei
Abmahnungen dafür erhalten hat, ist sie sich ihres
Problems nicht bewusst. Ich habe ihr nochmals klar-
gemacht, dass wir eine Kehrtwende um 180 ° erwarten.
Anina verließ relativ unbeeindruckt mein Büro und ging
wieder an ihre Arbeit.

Ich hatte ja bereits erzählt, dass Anina den ganzen
Tag an der Geschirrspülmaschine stehen konnte, und

es machte ihr nichts aus. Es war ja eine dieser Arbeiten, wo man nicht unbedingt mitdenken musste. Zum Ende des ersten Ausbildungsjahres beobachtete ich Anina wieder einmal. Ihre Schnelligkeit und auch ihr Mitdenken hatten während der Ausbildung immer noch nicht zugenommen. Aber sie wurde von ihrem Ausbilder auch nicht gefordert. Sie stand wie so oft an der Spülmaschine, ihr Lieblingsgerät in der Küche. Heute sah ich sie aber mit anderen Augen. Oder hatte ich etwas mit den Augen? Die Spülmaschine lief und Anina stand davor. Das heißt, sie stand nicht nur davor, sie schwankte hin und her! Was war mit Anina? War sie krank? Oder hatte sie Gleichgewichtsstörungen? Ich beobachtete sie eine ganze Weile, eine Änderung trat aber nicht ein. Nun musste ich doch einmal den Ausbilder konsultieren. Er war schließlich auch in der Küche anwesend. Aber offensichtlich nicht mit seinem Geist. Auf Anina und ihr Verhalten angesprochen stellte ich fest, dass er dies noch nicht einmal bemerkt hat. Nun blieb mir nichts anderes übrig, als Ania direkt anzusprechen. Vom Kochausbilder hatte ich ja nichts zu erwarten. Ich ging also zu Anina und fragte: „Was ist mit dir los Anina, hast du irgendwelche Probleme?"

Anina wich erschrocken zurück, wurde ganz bleich und sagte erst einmal gar nichts. Sie stand plötzlich wie angewurzelt da ohne sich zu bewegen. Nach kurzer Zeit hatte sie sich wieder gefangen. Ihre Antwort war erst einmal positiv: „Mir fehlt nichts", aber anderseits auch wie eine Katastrophe für ihre Ausbildung. Ihre Antwort kurz und bündig: „Ich habe an nichts gedacht"! Mir fiel plötzlich ein, dass dieser Zustand mindestens eine halbe Stunde gedauert hat. Also wirklich eine Katastrophe.

Nach einem Gespräch mit Anina kam ich zu dem Ergebnis, dass Anina sich leider nicht konzentrieren kann.

Heute hatten wir wieder einmal einen sogenannten Sonderauftrag von der Geschäftsführung. Für eine Veranstaltung außerhalb unserer Räumlichkeiten sollten wir ein Catering vorbereiten. Ich versuchte anhand der vorgegebenen Endsumme mit einigen Auszubildenden eine Kalkulation durchzuführen. Oh Schreck: Die echte Kalkulation führte aus meiner Sicht ins Leere. Der Wareneinsatz entsprach nicht einmal den Einkaufspreisen. Ich sprach daraufhin den Kochausbilder an. Dieser meinte: „Das ist schon immer so und hat auch seine Richtigkeit". Das konnte ich so nicht stehen lassen. Wie sollten meine Azubis eine echte Kalkulation hinbekommen, wenn noch nicht einmal in unserem Unternehmen ehrlich gewirtschaftet wird.

Mein nächster Schritt war ein Gespräch mit dem Projektleiter, Herrn Moll. Auch er bestätigte mir, dass das die gängige Praxis im Unternehmen ist. Selbst für Fremdaufträge duften wir nur ca. 10% über den Einkaufspreis gehen. Wie ich später feststellte, waren die externen Auftraggeber immer Bekannte oder Freunde unserer eigenen Geschäftsleitung.

Da mir solche praxisfremde Vorgehensweisen sehr gegen den Strich gehen, bat ich die Ausbildungsleiterin Frau Hager bei unserem Niederlassungsleiter um ein Gespräch. Schließlich sollten wir wenigstens Kostenneutral arbeiten. Ihre Antwort kam umgehend: "Das geht sie nichts an, machen sie Ihre Arbeit".

Was sollte ich jetzt tun? Mich mit allen anlegen oder einfach stillhalten? Ich entschied mich erst einmal für Letzteres.

Später rief ich den Niederlassungsleiter persönlich an und bat diesbezüglich um ein Gespräch, welches ich auch bekam.

Eine Woche später hatte ich dieses Gespräch mit einem nüchternen Ergebnis. Auch von diesem Herrn bekam ich eine erschreckende Antwort: „Ich soll mir über diese Geschäftspraktiken keine Gedanken machen. Da die anderen Bereiche mehr Geld einbringen, kann der gastronomische Bereich durchaus defizitär arbeiten".

Und so ging es die ganzen Jahre. Ich sollte mir keine Gedanken über das Geld, die Ausstattung oder auch die Arbeitsweise und Qualität der Ausbildung bei Bildungsträgern machen. Je inkompetenter und fauler die Ausbildungsleiterin und ihre Ausbilder waren, desto besser ließen sich die staatlichen Gelder der Ämter, wie Jobcenter oder Agentur für Arbeit, Zweck entfremden und privat abschöpfen. Dieses hatte aber auch zur Folge, dass gutes und ehrliches Personal, wie zum Beispiel Herr Moll zu einem späteren Zeitpunkt mit dem neuen Ausbildungsjahr keinen neuen Arbeitsvertrag erhielten.

KAPITEL 20

Der Zeitpunkt und gleichzeitig Höhepunkt für fünf Auszubildende des Gastgewerbes war gekommen. Sie hatten verteilt über zwei Wochen ihre praktische Abschlussprüfung. Sollten sie, was wir hofften, diese bestehen, war damit ihre Ausbildung beendet und sie waren Facharbeiter. Da sie alle eine Einladung zur Prüfung erhalten haben, war damit auch klar, dass sie die theoretische Prüfung bestanden hatten.

Alle waren gut vorbereitet aber natürlich auch aufgeregt. Die Azubis brachten ihre Arbeitskleidung auf Vordermann. Alle Arbeitsmaterialien waren zusammen gesucht und jetzt konnte es losgehen. Ich bat noch einmal alle möglichst zeitig genug vor Prüfungsbeginn am Ort der Prüfung zu erscheinen. In Berlin konnte man durch die Verspätung der S-Bahn schnell zu spät kommen.

Aber es ging alles glatt. Die Azubis waren zur Prüfung pünktlich, ordentlich anzuschauen und mit einer gewissen Sicherheit konnte die Prüfung bestanden werden. Alle hofften natürlich, dass sie liebe und nette Prüfer bekommt. Das war auch der Fall.

Nur mit Toben gab es ein Problem. Er hatte seine Prüfungseinladung vergessen, die musste aber vorgelegt werden. Nun versuchte er, die Prüfungskommission zu überzeugen, ihn doch ohne die Einladung zuzulassen.

Die Prüfungskommission sah das aber anders. Toben wurde von der Prüfung ausgeschlossen.

Er kam am nächsten Tag sehr bedrückt in das Ausbildungsobjekt und erläuterte uns die Situation. Erst dachten wir, auch er hat die Prüfung bestanden. Doch weit gefehlt.

Ich schlug ihm vor, die Verlängerung der Ausbildungszeit um ein halbes Jahr zu beantragen. Wir machten uns gemeinsam sofort an die Arbeit und schrieben die Anträge an den Bildungsträger, das Jobcenter und die Industrie- und Handelskammer. Ich musste zusätzlich noch eine schriftliche Begründung der Verlängerung abgeben. Nun, Toben war ja ein sehr freundlicher und netter Mensch der aus meiner Sicht unbedingt in die Gastronomie gehörte. Also schrieb ich die Begründung wohlwollend.

Nach zwei Wochen, Toben nahm zwischenzeitlich wieder an der Ausbildung teil, kam die Zusage für seine Verlängerung. Da wir ihn aber als Verlängerer nicht den neuen Azubis aussetzen wollten, kam ich auf die Idee, ihn in ein weiteres Praktikum zu schicken. Toben nahm die Idee dankend an und suchte sich sogleich einen Praktikumsplatz. Den hatte er auch nach zwei Tagen bereits gefunden und nachdem ich mein okay gegeben hatte, konnte er sogleich beginnen. Die Berufsschule brauchte er nicht mehr zu besuchen, da er die theoretische Prüfung ja bestanden hatte. Für mich blieb nur noch übrig, sobald die Unterlagen von der IHK da sind, ihn zur Prüfung im Februar 2012 anzumelden. Ich kann bereits hier vorweg nehmen – er hat die Prüfung mit einem guten Ergebnis bestanden. Auch danach besuchte er uns noch des Öfteren in der Ausbildungseinrichtung.

Die Zeit nach dem letzten Gespräch mit Martin verging, nur von einer Prüfungseinladung hatten wir bisher noch nichts gesehen. Es war bereits vier Wochen vor dem Prüfungstermin – wir konnten es uns nicht erklären, denn die Einladung müsste spätestens vier Wochen vor dem Termin im Briefkasten sein. Doch wie sollte es auch anders sein, Martin hatte seinen Briefkasten seit Tagen nicht mehr angeschaut. Drei Wochen vor seinem Prüfungstermin brachte er einen Umschlag mit zur Ausbildung. Nun war es also soweit – Martin hat seine Prüfungseinladung zur praktischen Prüfung erhalten – allerdings bereits vor sechs Tagen. Damit konnte er auch gleichzeitig seinen Warenkorb, den er zur Prüfung umsetzen musste vorlegen.

Was ist eigentlich ein Warenkorb? Der Prüfling bekommt eine Zutatenliste mit sehr vielen Produkten. Aus den vorgegebenen Materialien des Warenkorbes muss ein Dreigangmenü für sechs Personen zusammengestellt werden.

Ich setzte mich mit dem Prüfling und seinem Ausbilder zusammen und wir erstellten eine Strategie zur

Vorbereitung. Martin sollte immerhin die Prüfung bestehen und nicht noch eine Verlängerung bei uns hinlegen. Wie sah das nun aus? Martin bekam als Erstes
den Auftrag, seinen Warenkorb in ein Dreigangmenü
umzuschreiben. Schon der Gedanke daran trieb Martin
die Schweißperlen auf die Stirn. Sonst die große Klappe „Ich kann alles und besser als ihr", war es damit
erst einmal vorbei. Nun gut, Martin hatte damit drei Tage Zeit. Am Tag der Abgabe kam Martin zwar wie immer pünktlich zur Ausbildung, aber ein Ergebnis konnten wir erst einmal nicht sehen. Am Mittag fragte ich:
„Martin wo ist dein Dreigangmenü?" Martin schaute etwas betreten – wie erwischt – und teilte mir mit: „Morgen bring ich das Menü mit". Also noch einen Tag warten. Okay, dieser Tag ging von seiner Prüfungsvorbereitung ab.

Einen Tag später, gleich am frühen Morgen, über-
reichte uns Martin stolz sein Ergebnis. Nach einem
kurzen Lob, dass er es doch geschafft hat, mussten wir
leider gleich wieder kritisieren. Das Menü war auf ein
viertel Blatt zusammengeschmiert und der dazugehöri-
ge Arbeitsablauf fehlte ganz. Na ja, was hatten wir
auch erwartet. Martin bekam den Auftrag, bis Mittag

alles noch einmal zu überarbeiten und den fehlenden Arbeitsablauf noch zu beschreiben. Punkt zwölf Uhr wollten wir dann das fertige Ergebnis sehen.

Zu meinem Erstaunen erschien Martin pünktlich in meinem Büro und siehe da, auch mit einem leserlichen und ausführlichen Ergebnis. Er kann also doch, dachte ich bei mir. Da gerade Mittagszeit war und unser Ausbildungsrestaurant sich mit Gästen füllte, beschloss ich, die Sichtung des Ergebnisses gemeinsam mit dem Ausbilder auf den Nachmittag zu verschieben. Martin konnte derweil in die Küche zur Unterstützung gehen.

Gegen fünfzehn Uhr rief ich Martin und den Ausbilder ins Ausbilderbüro. Natürlich war sein Ausbilder schon da, denn er ging seiner Lieblingsbeschäftigung nach: Reisen im Internet suchen. So günstig wie möglich, aber auch so teuer aussehend wie möglich. Ich sagte: „So Gunter, wir müssen uns jetzt wieder mit Arbeit beschäftigen!". Gunter schaute mich entgeistert an: „Wieso, ich arbeite doch immer". Nun gut, wir setzten uns also zu dritt hin, und betrachteten das Ergebnis von Martin. Der Ausbilder runzelte die Stirn und sagte: „Ich glaube, das geht so nicht! Du hast immerhin Produkte im Warenkorb, die du verarbeiten musst. Bei dir sind aber nur die Hälfte der Produkte zu sehen". Damit fing er an, in Martins Konzept rumzustreichen, abzuändern und neue Passagen hinzu zu schreiben. Martin bekam große Augen. „Herr Herling, was machen sie denn da, ich habe mich so angestrengt! Das finde ich nicht prickelnd." Der Ausbilder hob nicht einmal den Kopf. Nach ca. einer viertel Stunde war er fertig. „So, hier hast du dein Dreigangmenü. So wird es gekocht". Von Martins Menü war zu seinem Entsetzen nichts mehr übrig. Es kam ein wiederwilliges „okay" und damit trottete Martin von dannen.

Ich verständigte mich noch kurz mit dem Ausbilder und schrieb anschließend eine Anweisung zum Ablauf der Prüfungsvorbereitung. Diese gab ich noch am gleichen Tag an Martin mit dem Hinweis, diese in seinem eigenen Interesse einzuhalten. Er hatte ja durch seine erste Schlamperei bereits eine Woche verloren.

Zwei Tage später sollte Martin zum ersten Mal sein Prüfungsmenü kochen. Das ging pünktlich acht Uhr mit dem Mice en place (Bereitstellen aller Zutaten und Materialien) los. Im Rahmen seiner Ausbildung hatte er das ja bereits ständig getan. Aber heute stellt sich Martin an als ob er diese Aufgabe zum ersten Mal lösen muss. Der Ausbilder griff also eine Stunde nach Beginn nochmals ein und half Martin auf die Beine. Nicht, dass es Martin peinlich war, nein, er war sogar der Meinung, sehr viel Zeit zu haben. Nun hat man aber zu einer Prüfung nur einen begrenzten Zeitrahmen. Aber eben nicht Martin – er weiß ja eh immer alles besser. Das Dreigangmenü für sechs Gäste musste pünktlich zwölf Uhr auf dem Tisch stehen. Zuerst die kalte Vorspeise, dann der Hauptgang und zu guter letzt das Dessert.

Wir ließen Martin nun in Ruhe arbeiten und schauten seiner Arbeitsweise nur von weitem zu. Denn auch die Arbeitsweise, die Sauberkeit und der Umgang mit den Lebensmitteln werden ja bewertet. Wie gesagt, bis zwölf Uhr hatten wir, der Ausbilder und ich nun die Aufgabe zu beobachten.

In der Zwischenzeit hatten die Auszubildenden im Service mit ihrem Ausbilder die Aufgabe, einen Prüfungstisch für ein Dreigangmenü für sechs Gäste einzudecken. Auch hier schaute ich ab und zu vorbei. Jedoch war diese Aufgabe im Service ein Ausbildungspart des zweiten Ausbildungsjahres. Und diese Aufgabe wurde erfolgreich umgesetzt.

Als ich erneut in die Küche nach Martin schaute, war mir zum grausen zumute. Der Arbeitsplatz sah aus wie im Schweinestall, die Lebensmittel lagen durcheinander und als ich näher heran trat sah ich, dass der Fond für den Hauptgang bereits verkocht war. Nach einem Hinweis von mir kam natürlich eine Antwort, die ich hätte erwarten müssen: „ Herr Kaufmann, das ist doch für mich kein Problem, mach ich eben noch mal. Ist ja noch genug Zeit".

Kurz vor zwölf Uhr fanden sich die Gäste zum Prüfungsessen ein. Wir hatten unseren Niederlassungsleiter und die Ausbildungsleiterin eingeladen. Die Runde wurde vervollständigt durch dem Kochausbilder, den Serviceausbilder, einen Auszubildenden und natürlich durch mich.

Punkt zwölf Uhr gaben wir dem zuständigen Auszubildenden aus dem Service die Information, dass Martin gemeinsam mit dem Service den ersten Gang ser-
vieren darf. Kurz darauf erschien Melanie mit dem
Hinweis: „Martin lässt ausrichten, dass es noch etwa
zehn Minuten dauert". Okay, das waren weitere Minus-
punkte in der heutigen Prüfungsvorbereitung. Wir warteten also!

Nach fünfzehn Minuten kam dann Martin mit den
Azubis vom Service und brachte die kalte Vorspeise.
Er lächelte wie ein Sieger, aber es kam keine Ent-
schuldigung für die Verspätung. Dafür aber jetzt:

Salat von Frisée und Eichblatt mit

Marinierten Karottenscheiben

Rucola-Speck- Vinaigrette

Mousseline von der Pute

und geräucherter Entenbrust

Nun, es sah ja erst einmal ganz gut aus. Die Gäste von außerhalb stürzten sich auf die Vorspeise, die Ausbilder betrachteten erst einmal alles, kosteten jeden Bestandteil einzeln und fingen erst dann an zu essen.

Martin war bereits wieder in der Küche um den Hauptgang auf die Teller zu kreieren.

Leider war die Vorspeise nicht so im Geschmack, wie man sie sich vorstellte. Der Salat war leider durch die Vinaigrette völlig schlapp in der Konsistenz. Die geräucherte Entenbrust war auch nicht viel besser anzuschauen – viel zu blass, aber dafür total trocken. Also aus meiner Sicht nicht die wahre Leistung. Nun war ich gespannt auf die Meinung der Ausbilder. Die hielten sich aber bis zum Schluss noch zurück.

Gut, jetzt musste ja irgendwann der Hauptgang serviert werden. Aber weit gefehlt. Auch dieser ließ auf sich warten. Nicht fünf Minuten, nicht zehn Minuten nicht fünfzehn Minuten, dafür kam er aber nach sage und schreibe zwanzig Minuten. Das war wohl doch eine sehr große Leistung. Die „Prüfungskommission" zwanzig Minuten warten lassen. Und wieder kein Wort der

Entschuldigung. Ich persönlich erwartete nicht mehr viel.

Diesmal stimmte auch die Optik des Gerichts nicht – alles wie hingeschustert – schnell, schnell. Nun schauen wir mal was es gibt:

Filet von Lachsforelle

auf der Haut gerbraten

Kohlrabi-Romanesco-Gemüse

in Rahm mit Flusskrebsen dazu Schlosskartoffeln

Die Zusammenstellung war durchaus ansprechend und für eine Prüfung geeignet.

Aber wie gesagt, die Optik! Nun ja, versuchen wir es. Leider zerfiel die Lachsforelle gleich zu Beginn, war aber durchaus gut gewürzt. Die Haut gut gebraten, dass Gemüse leider zerkocht. Das war aber nur meine Einschätzung. Das Ergebnis der Ausbilder stand ja noch aus.

Unser Serviceausbilder ließ nach dem Kochazubi rufen. Ich war gespannt, welcher Grund dahinter steckte? Martin kam mit einem neuen, alten entgeisterten Gesicht. Das sagte aus: „Was wollt ihr schon wieder von mir?". Jetzt kam es! Herr Moll, der Serviceausbilder fragte Martin: „Wir haben bisher noch nichts zu trinken. Was schlägst du uns zum Hauptgericht vor?" In dem Augenblick dachte ich, Martin ist jetzt am Ende. Sein Gesicht war versteinert, kein Muskel zuckte und nichts regte sich mehr. Hier muss ich erklären, dass auch Kochazubis lernen, was man zu welchem Gericht zu trinken reiche! Nicht aber Martin, der ja alles kann. Nach kurzem Überlegen schlug er uns einfach Wasser vor, dass passe ja immer.

Vom Dessert, welches sich erst einmal gut anhörte, war ich dann doch begeistert. Hier hatte sich Martin wirklich Mühe gegeben. Es bestand aus:

Brommbeercream und Rahmeis

von Charentaise Melone

Nach etwa einer viertel Stunde ließen wir dann Martin für die Auswertung kommen.

Er musste erst einmal sein komplettes Menü noch einmal vorstellen, die Zutaten erklären und die Zubereitung erläutern. Nach anfänglichem stottern fing sich Martin und gab zu seinem Menü entsprechende Antworten.

Jetzt waren die Ausbilder mit ihrer Auswertung dran. Zuerst sein direkter Ausbilder, Herr Herling. Im Prinzip zerriss er das gesamte Menü wie erwartet. Ich dachte so bei mir, ist ja auch kein Wunder bei dem Ausbilder – man lernt ja nicht viel.

Die anderen Ausbilder waren nicht ganz so streng – aber sein Fett bekam Martin trotzdem weg. Ich konnte die Antwort von Martin eigentlich schon vorweg nehmen. „Also", so Martin: „Ich sehe das alles ganz anders. Ich habe das Menü genau richtig gekocht. Und mir schmeckt es." Wie immer hatte Martin kein einsehen. Aber er hatte ja noch einmal in einer Woche die Chance zum Probekochen. Ich hoffe, dass er sich dann besser vorbereitet.

Zwei Wochen sind vergangen und es steht ein neues, aber auch das letzte Probekochen für Martin an.
Ich fragte Martin noch vorher: „Hast du dich diesmal
besser vorbereitet?" „Selbstverständlich, ich bereite
mich immer ordentlich vor, habe sogar zu Hause gekocht". „Gut" sagte ich, dann erwarte ich heute ein gutes Ergebnis.

Martin ging sofort an seine Vorbereitungen, es sah
diesmal sogar strukturierter aus. Martin kam insgesamt
diesmal ganz gut zurecht und auch sein Arbeitsplatz
sah aufgeräumter aus. Nun hoffte ich wirklich auf ein
gutes Ergebnis. Das Menü bestand aus den gleichen
Teilen wie das letzte Mal. Ich zog mich bis zum Mittag
zurück und machte in dieser Zeit mit den anderen Azubis Stützunterricht.

Kurz vor zwölf Uhr begab ich mich in das Ausbildungsrestaurant, der Prüfungstisch war sehr schön ge-
deckt und Martin hat sich sogar entsprechende Getränke für das Dreigangmenü einfallen lassen. Ich war bisher positiv überrascht.

Wir setzten uns an den Prüfungstisch und warteten, diesmal nur eine Minute auf das Erscheinen der Vorspeise. Sehr lecker angerichtet, der Salat knackig und insgesamt schmackhaft. Auch der Hauptgang kam auf den Punkt und schmeckte bis auf eine Kleinigkeit sehr gut. Martin hat sich, auch mit der Weinauswahl selbst übertroffen. Zum Schluss das Dessert, welches diesmal nicht ganz so gut angerichtet, aber dafür erneut sehr gut im Geschmack war.

Ich dachte, die Kritik von den Ausbildern kann diesmal nicht so schlecht ausfallen. Nach dem Essen kam Martin, diesmal etwas zögerlich aber doch offener. Er wusste wohl selbst, dass er sich sehr verbessert hat. Entsprechend kamen auch Lobensworte von den Ausbildern mit kleinen Hinweisen was noch verbessert werden könnte.

Ich wies Martin noch einmal darauf hin, dass er am Folgetag seine gesamte Ausrüstung für die Prüfung zur Kontrolle vorlegt. Herr Herling wies Martin noch auf die bevorstehende Prüfung am übernächsten Tag hin. Er solle pünktlich sein und alles bei sich haben. Jetzt kommt es doch noch. Ich wollte es erst nicht glauben, als ich es hörte. Martin sagte: „Herr Herling, ich weiß selbst wann ich Prüfung habe, sie brauchen mich nicht darauf hinweisen." Wir schauten uns alle an und dachten, wir haben uns verhört. Auch ich wies Martin noch auf den Ausbildungsplan, der entsprechend aushängt hin, da auch dort sein Prüfungstag vermerkt ist. Aber es sollte völlig anders kommen.

Am nächsten Tag brachte Martin seine gesamte Ausrüstung für die Prüfung mit zur Ausbildung, die fehlenden Gerätschaften durfte er aus der Ausbildungsküche mitnehmen.

Ich war zufrieden und entließ Martin in einen freien Tag, den wir immer Azubis vor einer Prüfung geben. Mehr konnten wir für Martin erst einmal nicht tun.

Am Mittwoch gegen 11.30 Uhr kam plötzlich Martin in die Ausbildungsstätte. Wir waren erschrocken, aber auch erstaunt, denn er sollte bereits seit elf Uhr im Prüfungsobjekt sein. Was war geschehen? War Martin krank? Oder war er zu spät? Weder noch! Martin war tatsächlich der Meinung, er hätte erst am Donnerstag Prüfung. Und dass er nun doch heute Prüfung hat, stellte er erst elf Uhr fest. Doch da war es bereits zu spät. Martin schaute sehr bedeppert: „Was soll ich jetzt machen? Ich entgegnete: „Herr Herling als auch ich haben dich am Montag zur Prüfungsvorbereitung nochmals auf den Termin hingewiesen. Doch du warst der Meinung alles besser zu wissen". Ich konnte ihm nicht mehr helfen.

Da kam Martin die zündende Idee! Ich gehe zum Arzt und lasse mich für heute krankschreiben.

Darauf ich: „Funktioniert nicht mehr, denn du hättest der Prüfungskommission vorher mitteilen müssen, dass du krank bist." Aber auch dieses Argument zählte bei Martin nicht. Er ging zum Arzt und war eine Stunde später wieder da. Mit einem Krankenschein! „Was soll ich damit? Die Krankschreibung sollte vor Beginn der Prüfung bei der Prüfungskommission vorliegen." Dann schicke ich eben den Krankenschein zur IHK" entgegnete Martin. Es gab also wie immer kein Einsehen. Dann kam es ganz dicke! Martin wollte einen Antrag auf Verlängerung der Ausbildungszeit um ein halbes Jahr stellen. Ich stellte ihm sofort in Aussicht, dass weder der Ausbildungsbetrieb, noch das Jobcenter oder auch die IHK einer Verlängerung zustimmen werden. Schließlich ist er selbst Schuld an dem Dilemma.

Ich hatte natürlich nicht mit Martin gerechnet, hätte es aber sollen.

Einen Tag später lag ein formloser Antrag auf Verlängerung der Ausbildungszeit vor. Das Gesicht von Martin strahlte so eine Überzeugung aus, dass man meinen sollte, der Antrag wäre bereits genehmigt.

Ich teilte ihm mit, dass der Antrag jetzt durch den Betrieb, das heißt durch mich bearbeitet wird. Er muss aber noch die Anträge an das Jobcenter und die IHK schicken. Diese werden natürlich Rücksprache mit uns nehmen.

Für mich war die Sache klar. Der Antrag auf Verlängerung wird abgelehnt. Zwei Tage später kamen auch Rückfragen vom Jobcenter und der IHK. Auch diesen Mitarbeitern erläuterte ich die Lage und das Selbstverschulden der Nichtteilnahme an der Abschlussprüfung.

Damit war auch die Sachlage bei den beiden Ämtern klar.

Martin bekam drei Ablehnungen zu seinem Gesuch und war ab diesem Zeitpunkt nicht mehr gesehen.

KAPITEL 21

Nun zurück in unsere Ausbildungseinrichtung. Das Jahr war ja noch nicht ganz herum und es passierte noch eine ganze Menge.

Heute habe ich, gemeinsam mit dem gesamten Aus-bilderteam zum letzten Mal mit Anina gesprochen. Leider hatte ich mich in ihr getäuscht. Ich hatte, wie bei vielen anderen Azubis gehofft, dass sie noch den Durchbruch schafft. Leider ist dieser ausgeblieben. Sie fehlte immer öfter, auch ohne Entschuldigung. Krankenscheine kamen überhaupt nicht mehr. Im Gespräch beteuerte Anina, dass sie den Krankenschein einer Freundin mitgegeben hätte, aber offensichtlich ist auch die Freundin verschollen. Da sie kein Telefon mehr hat, konnte sie sich auch nicht bei uns melden. Aber auch heute hielt es Anina nicht für nötig, sich bei uns für Ihre Fehlzeiten zu entschuldigen.

Nun musste ich ihr leider mitteilen, dass ich dem Jobcenter den Abbruch ihrer Ausbildung empfohlen habe.

Diesem Abbruch wurde später auch entsprochen und Anina verließ uns für immer.

Heute musste ich wieder einmal feststellen, dass ich nicht alle retten kann. Aber das war erst der Anfang. Es sollte in den kommenden Jahren noch viel schlimmer kommen.

KAPITEL 22

Anfang Juni bekamen wir die Info, dass unser Bildungsträger die Ausschreibung für die Ausbildung der Fachkräfte im Gastgewerbe, der Köche und neu die Hotelfachleute gewonnen hat. Das hieß jetzt für uns viel Arbeit in der Vorbereitung, besonders der Hotelfachleute. Diese Ausbildung war für uns neu.

Herr Moll und ich machten uns sofort an die Arbeit, wir beide hatten bereits Hotelfachleute ausgebildet.

Herr Moll schrieb das praktische Konzept, den Arbeitsmittelbedarf und ich den betrieblichen Ausbildungsplan. Auch machten wir Pläne für die obere Etage, die wir im Rahmen der Ausbildung noch hinzubekamen. Ich plante eine Rezeption mit allem Drum und Dran. Leider bekamen wir die drei von Herrn Moll geplanten Zimmer nicht.

Für die Vorstellungsgespräche der Jugendlichen, die Hotelfachfrau oder Hotelfachmann werden wollen, entwickelte ich eine Testung im theoretischen und praktischen Bereich. Die Ausbildung zu Hotelfachleuten war nicht für alle Jugendliche geeignet.

Ab dem Ausbildungsjahr 2011/2012 erwartete uns noch eine andere Besonderheit. Bisher hatten wir immer Jugendliche aus den Stadtbezirk Treptow-Köpenick. Leider sollten von dort zukünftig keine Azubis mehr kommen. Die neuen kamen jetzt aus Berlin-Neukölln. Für uns eine völlig neue Herausforderung. Uns wurden Jugendliche angekündigt, die bis zu 90% Migrationshintergrund haben. Bisher hatten wir nur deutsche Jugendliche. Also völlig umstellen und trotzdem eine sehr gute Ausbildung durchführen.

Nebenher suchten wir für die Gesamtausbildung ein neues Objekt, das könnte ein kleines Hotel sein oder auch ein Restaurant. Herr Moll entwickelten einen Plan für eine öffentliche Gastronomie um die Ausbildung näher an die Praxis zu bringen. Es gab allerdings einen Mitarbeiter der hierzu keine Lust verspürte. Der Kochausbilder hatte den Standpunkt, noch mehr arbeiten muss nicht sein. Er hat sich schließlich seine ruhige Arbeit in den letzten Jahren bei dem Bildungsträger erarbeitet und verdient. Diese Einstellung sagt eigentlich alles. Herr Moll und ich ließen uns allerdings davon nicht beirren.

Immer wieder fanden bei uns Kochkurse für Teilnehmer von Maßnahmen aus unserer Niederlassung statt. Hierfür mussten wir unsere Küche nach dem Mittagsgeschäft schnellstens auf Vordermann bringen. Wir waren nur immer wieder schockiert, wie der Ausbilder bekleidet war. Ich sah Ausbilder in der Küche immer mit entsprechender Kochbekleidung ausgestattet. Dieser Ausbilder aus der Niederlassung kam immer mit Jogginghose und Poloshirt sowie Turnschuhen bekleidet. Aus unserer Sicht völlig abartig. Auch das Benehmen dieses Ausbilders war völlig daneben. Wir sollten und wollten unseren Azubis ja schließlich Vorbild sein.

Neben der neuen Ausbildungsrichtung Hofa (Hotelfachleute) sollten wir ab September auch die Berufsvorbereitung in unsere Einrichtung bekommen. Hierzu haben wir in der oberen Etage eine neue Lehrküche geschaffen. Außerdem wurden neue Umkleideräume ein Raum für die hauswirtschaftliche Ausbildung und eine Schneiderwerkstatt eingerichtet. Auch Schneiderkurse sollten ab September angeboten werden. Insgesamt fand also eine große Umstrukturierung statt. Und das alles unter der Führung von Herrn Moll, der bei uns der Projektleiter war.

Für mich selbst hieß das noch mehr Arbeit. Ich war ja bereits von Beginn an für die Ausbildungspläne und Klassenbücher verantwortlich, eigentlich eine Aufgabe der Ausbilder. Nun kam ja noch ein Berufsfeld hinzu und in diesem werde ich auch die kaufmännische Ausbildung durchführen.

Mit dem neuen Projekt „Ausbildung von Hotelfachleuten" begannen aber auch die Probleme.

Herr Moll lud den Verantwortlichen Mitarbeiter der IHK zu uns ein. Wir wollten sicher sein, welche Auflagen die Ausbildung der Hotelfachleute bei einem Bildungsträger ohne Hotel vorhanden sein müssen.

Von den beiden Herren der IHK bekamen wir sehr wertvolle Informationen, die wir anschließend in einer Zusammenfassung der Niederlassungsleitung übergaben. Unser Ziel war einfach eine gute Ausbildung durchzuführen. Ich selbst hatte ja bereits Erfahrungen mit dieser Ausbildung bei einem Bildungsträger sammeln können, dort allerdings hatten wir ein großes Tagungshotel und ich selbst war Hoteldirektor.

Durch den stellvertretenden Niederlassungsleiter wurde uns mitgeteilt, dass er ein Hotel in Rudow gewinnen konnte, in dem wir eine entsprechende Ausbildung durchführen können. Nach zwei Wochen erfuhren wir auf Nachdruck um welches Hotel es sich handelt. Wir, also Herr Moll und ich hatten die Absicht dieses Hotel einmal unter die Lupe zu nehmen. Hierfür bekamen wir von der Ausbildungsleiterin auch die Genehmigung.

Nach einigen Tagen hatten wir einen Termin in diesem Hotel. Als wir dort eintrafen, erwischte uns der erste Schock. Vor dem Eingang standen auf einem

Tisch zwei gefüllte Aschenbecher. Diese mussten jedoch bereits länger an dieser Stelle ausgeharrt haben. Denn es stand Wasser im Ascher und geregnet hatte es seit mindestens einer Woche nicht mehr. Die Eingangstür war etwas Blickdicht, jedoch nicht durch das Glas, sondern durch den Schmutz. Der erste äußere Eindruck war sehr „erbauend". Nichts desto trotz gingen wir hinein, denn wir hatten ja eine Mission – die Aufklärung des mysteriösen Objektes. Wie komme ich auf mysteriös? Nun ja, der stellvertretenden Niederlassungsleiter soll wohl in diesem Haus Stammgast sein und den Eigentümer sehr gut kennen.

Es war gerade Mittagszeit, wir also rein und was soll ich sagen – kein Gast blickte zur Tür. Nicht weil alle beim Essen waren, nein, weil kein Gast anwesend war!

Auch den Hotelleiter, der auch der Eigentümer ist, mussten wir erst rufen. Er hatte nicht mitbekommen, dass „Gäste" in seinem Restaurant anwesend sind.

Wir hatten aber Glück, er kam und begrüßte uns in seinem Haus.

Wir hatten keine Ahnung von dem, was er alles schon in Bezug auf die Ausbildung und dem Vertrag mit dem Bildungsträger wusste. Ich kann sagen, wir wussten noch nichts! Er wusste alles! Wir hatten also abermals Glück und erfuhren einiges, jedoch nicht alles über die geplante Ausbildung in seinem Hotel.

Diese sollte folgendermaßen stattfinden: Täglich sind zwei Auszubildende im Hotel anwesend, kein Problem dachte ich sofort, lässt sich alles einrichten. Der zweite Punkt war schon absurder. Täglich sollte auch ein Ausbilder anwesend sein. Jetzt kamen meine Gedanken durcheinander. Wir hatten nur einen Ausbilder für Hotelfachleute, der gleichzeitig auch der Ausbilder für die Fachkräfte im Gastgewerbe ist. Dieser musste aber in unserer Ausbildungseinrichtung ausbilden. Woher also den zweiten Ausbilder nehmen. Diese Frage konnte uns der Hoteleigentümer nicht beantworten, denn er ist kein Ausbilder. Die nächste Frage die wir stellen mussten: „Hat der Betrieb bereits eine Ausbildungsberechtigung?". Hier kam ein klares „Nein, die IHK war noch nicht da". Wir fragten nach den verschiedenen Bereichen die für eine solche Ausbildung benötigt wird. Hier konnte uns der Herr beruhigen. Er hat 26 Hotelzimmer, ein Restaurant, eine Küche, Gesellschaftsräume und eine Terrasse. Mir fehlte aber noch ein Bereich – die Rezeption! Aus meine Nachfrage wo diese denn sei, ging er zum Tresen holte ein Reservierungsbuch aus dem letzten Jahrhundert und teilte uns noch mit, dass er ja auch noch ein Fax habe.

Jetzt war ich erst recht schockiert. Wir sollten doch nicht etwa eine „altertümliche" Ausbildung durchführen? Diese Frage stellte ich auch. Die Antwort war irgendwie „logisch": „Es ging schon immer so, warum sollten wir etwas ändern?". Okay, hier konnte diesbezüglich keine Klärung erfolgen.

Jetzt lud uns der Eigentümer zum Rundgang durch sein Hotel ein. Wir folgten ihm zuerst in die Küche. Wir mussten dazu hinter dem Tresen vorbei und ich sah Schlimmes. Hinter dem Tresen herrschte eine totale Unordnung und ein Chaos, welches ich bisher noch nicht erlebt hatte.

Wir kamen in die Küche, wo uns seine Frau, die gleichzeitig die Köchin war bereits erwartete. Sie zeigte uns stolz ihre Küche. Herr Moll und ich schauten uns mit Schrecken an. Hier konnte man vom Fußboden essen, aber nicht wegen der Sauberkeit sondern wegen der vielen Essensreste!

Wir wollten nur schnell wieder raus.

Also weiter im Hotel, als nächstes kamen die Hotel-zimmer zur Besichtigung. Nach der Auslastung gefragt, kam eine nicht befriedigende Antwort: „Zur Zeit sind nicht viele Gäste da, meistens haben wir Bauarbeiter zur Übernachtung". Es sollte später aber noch schlim-mer kommen.

Die Zimmer waren auf dem ersten Blick in Ordnung, aber eben nur auf den ersten Blick. Die Betten waren falsch hergerichtet, die Handtücher hingen teilweise nicht auf Haken, weil es eben diese nicht gab, als Zahnputzbecher hatte man Plastikbecher ins Bad ge-stellt – völlig unhygienisch! Es gab noch Vieles zu be-mängeln, aber eine genaue Bestandsaufnahme wollten wir später machen, da der Eigentümer wegen Zeitman-gel bereits drängelte. Vielleicht hatte er aber auch nur unsere Blicke gesehen, diese mussten sehr enttäuscht und entsetzt ausgesehen haben.

Zuletzt sahen wir uns noch die Gesellschaftsräume im Erdgeschoss und Keller an, diese waren soweit in Ordnung. Uns blieb nichts weiter übrig, als uns zu be-danken und eine gute Zusammenarbeit (wie die auch aussehen sollte?) zu wünschen. Wir verabschiedeten uns und wollten nur schnell raus.

Zurück in unserem Ausbildungsobjekt schrieben wir über diesen Besuch eine Zusammenfassung inklusive unserer Eindrücke und mailten diese an den Niederlassungsleiter.

Die Reaktion vom Niederlassungsleiter ließ nicht lange auf sich warten. Er bestellte Herrn Moll in sein Büro. Wir dachten, es soll einmal über die Ausbildung und das entsprechende Objekt gesprochen werden. Ich musste auf die Ergebnisse des Gespräches nicht lange warten. Herr Moll war schnell zurück, mit einem eisigen Gesicht.

Er ging wortlos in sein Büro, ich hinterher. Im Büro angekommen brach es aus ihm heraus: „Die sind doch nicht ganz dicht, mir für nichts eine Abmahnung zu geben". Ich schaute erschrocken: „Wie Abmahnung?".

„Na ja, ich habe für den Besuch und die Fragen, die wir gestellt haben eine Abmahnung bekommen". Es stellte sich heraus, dass es keine Erlaubnis für diesen Besuch im Hotel gab. Frau Hager, die Ausbildungsleiterin hatte uns herein gelegt. Ich war erst einmal fassungslos. So viel Frechheit auf einem Haufen habe ich noch nicht erlebt. Aber auch die Hinterlist in diesem Unternehmen! Ich konnte kaum glauben, was ich dann noch hörte. Auch das Gespräch mit der IHK, welches in einer Teamsitzung durch den Niederlassungsleiter ausdrücklich gewünscht war sollte plötzlich nicht mehr wahr sein. Auch diese Aktion war also „Illegal"? Ich stellte mir natürlich die Frage, wieso bekomme ich keine Abmahnung? Ich war schließlich bei allen Aktionen dabei. Die Antwort sollte ich viel später bekommen.

Woher kamen jetzt so plötzlich diese Probleme?

Einen Tag später kam der Niederlassungsleiter zu uns, das heißt speziell zu mir. Er hatte den Wunsch, dass ich für das Hotel einen Computer mit einem Hotelverwaltungsprogramm erstelle. Ich fragte ihn nach dem Sinn dieser Aktion. Es kam heraus, dass die IHK dem Hotel im Beisein der Niederlassungsleitung einen Besuch abstatten wolle. Zweck dieses Besuches war die Feststellung der Ausbildungsmöglichkeiten im Hotel. Wir mussten jedoch feststellen, dass es eigentlich keine qualifizierte Ausbildungsmöglichkeit, und Fachkompetenz sowieso nicht gab.

Wie ich ja bereits beim eigenen Besuch im Hotel feststellte, gibt es keine Rezeption. Dies sah wohl auch der Niederlassungsleiter ein, wenn auch die Ausbildungsleiterin der Meinung war, ein Buch tut es auch. Hier so viel zum Verständnis und zur Unwissenheit der Kollegen in der Führungsetage zur Ausbildung des neuen Berufszweiges. Ich bat dem Niederlassungsleiter noch einmal, uns als Fachleute in die Vorbereitung mit einzubeziehen. Es kam keine Reaktion.

Ich versprach, einen PC für das Hotel zu installieren, aber nur mit einer eingeschränkten Version, die nach drei Tagen nicht mehr funktioniert. Damit war er einverstanden und ich machte mich an die Arbeit, denn sie musste nur die Kontrolle der IHK überstehen.

Herr Moll bat noch einmal den Niederlassungsleiter um ein klärendes Gespräch, da die Abmahnung ohne Gespräch übergeben wurde. Dieses Ansinnen wurde jedoch ignoriert und auch alle weiteren Vorhaben verliefen im Sande. Herr Moll war eigentlich „Kalt" gestellt.

Inzwischen machten sich Gerüchte im Unternehmen breit. Die Ausbildungsgenehmigung für die neue Fachrichtung konnte durch unser Handeln nur sehr schwer erreicht werden. Außerdem möchte angeblich die IHK den Herrn Moll nicht mehr als Ausbilder sehen. Das war natürlich der absolute Höhepunkt. Herr Moll fragte darauf hin schriftlich bei der IHK nach. Die Antwort war eindeutig. Nachdem die IHK schriftlich versichert hat, dass ihrerseits absolut keine Bedenken für die Arbeit als Ausbilder für gastronomische Berufe bestehe, suchte er nach Antworten.

Die Zusammenarbeit mit der Leitung der Niederlassung kam in dieser Zeit fast zum Erliegen. Es gab nur noch die Gerüchteküche aber keine Informationen mehr zur Ausbildung, auch nicht zu anderen Themen. An dieser Stelle wird man schon stutzig. Das Thema Ausbildungshotel in Rudow wurde nicht mehr thematisiert. Es gab auch das Gerücht, dass ein neuer Ausbilder zu uns kommen soll. Es sollte ausgerechnet Herr Hansel, der Ausbilder im Jogginganzug sein. Diesen lehnten wir ganz offen ab, auch wenn es bis jetzt nur ein Gerücht war. Sein Ruf eilte ihm voraus. Er war offensichtlich in der Branche bereits bekannt.

Zwischenzeitlich arbeiteten wir weiter an der Erweiterung der Ausbildungsstätte von einer Etage auf zwei Etagen. Der Arbeitsaufwand war schon deshalb sehr hoch, da wir wenig bis gar keine Mittel für die Ausstattung bekamen.

So haben wir uns also neu aufgestellt. Aber ich will nicht nur klagen, für die neuen Umkleideräume bekamen wir neue Spinde. Bis zu diesem Zeitpunkt mussten sich unsere männlichen Azubis öffentlich vor der Küche und die weiblichen Azubis in der Toilette umziehen. Ein misserabler Zustand.

KAPITEL 23

Wir hatten bereits Ende Juli und die ersten Jugendlichen stellten sich bei uns für eine Ausbildung vor. Diese kamen mit einer Zuweisung vom Jobcenter Berlin-Neukölln. Zu 90% waren es Jugendliche mit Migrationshintergrund, was aber für uns als Ausbildungsteam keine Rolle spielte. Herr Moll übernahm die praktische Testung und ich die theoretische, die Gespräche führten wir gemeinsam. Für die Kochazubibewerber übernahm das natürlich der Kochausbilder.

Es erschienen die verschiedensten Jugendlichen mit den unterschiedlichsten Schulabschlüssen aber auch ohne Schulabschluss. Das sollte in den kommenden Jahren immer mehr zur Normalität werden.

Ich möchte hier zwei Beispiele dieser Vorstellungsgespräche aufzeigen. Anfang August kam ein Vater mit seinen zwei Töchtern zum Gespräch. Sie waren tunesischer Nationalität und hatten beide ihre Haare mit einem Kopftuch bedeckt. Für uns war das erst einmal kein Problem, denn wir hatten grundsätzlich keine Vor-

urteile. Beide Mädchen wollten den Beruf der Hotelfachfrau erlernen. Nun war im dreijährigen Ausbil-
dungsprogramm ein Auslandspraktikum in der Türkei
vorgesehen. Die beiden Mädchen hatten damit wohl
kein Problem. Jedoch der Vater. Als er dies hörte, stellte fest, dass unter diesen Umständen eine Ausbildung
für seine beiden Töchter keine Option ist und verließ
uns. Das war eine der ersten Erfahrungen mit Menschen mit Migrationshintergrund bei diesem Bildungsträger.

Zwei Tage später stellte sich eine sehr junge Frau
vor. Sie war gerade 18 Jahre geworden. Sie kam mit
ihrer Oma. Das Mädchen sah gut aus, schien auch
sehr intelligent und hatte den unbedingten Wunsch,
Hotelfachfrau werden zu wollen. Sie hieß Anja und hatte einen Realschulabschluss. Die Testung hatte sie
bereits mit Bravour bestanden und jetzt sollte das Gespräch folgen. Leider kam sie kaum zu Wort. Das Wort
hatte die Großmutter übernommen. Ich dachte, die
Oma stellt sich als Bewerberin vor und möchte den Beruf erlernen. Nach zehn Minuten baten wir die Großmutter uns allein zu lassen, um ein realistisches Bild
von Anja zu bekommen. Das war jetzt bedeutend ein-

facher, denn jetzt konnte und durfte sie auch etwas sagen. Wir waren uns schnell einig. Diese Bewerberin werden wir nehmen und freuten uns schon darauf.

Insgesamt sollten ab September 2011 drei Fachkräfte im Gastgewerbe, fünf Köche und fünfzehn Auszubildende für den Hotelberuf bei uns die Ausbildung beginnen. Zusätzlich sollte ein neuer Umschüler zum Koch, ein Azubi des zweiten Ausbildungsjahres und zwei Hotelfachleute des dritten Ausbildungsjahres beginnen.

Insgesamt hatten wir also 26 neue und neu „alte" Azubis und Umschüler im Programm. Eine stattliche Anzahl, wenn man bedenkt, dass andere Bildungsträger keine mehr aus diesen Fachrichtungen bekamen.

Ich hatte vor meinem Urlaub nur noch die Aufgabe, die neuen Azubis im Oberstufenzentrum anzumelden. Damit waren eigentlich fast alle Voraussetzungen für das neue Berufsschuljahr erfüllt.

KAPITEL 24

Es war Anfang August und mein Jahresurlaub rückte näher. Ich übergab die noch ausstehenden Aufgaben dem Projektleiter, Herrn Moll und war froh über drei Wochen frei zu haben.

So, der letzte Arbeitstag vor meinem Urlaub war gekommen und ich ging das erste mal seit längerer Zeit beruhigt zur Arbeit mit dem Wissen, morgen muss ich nicht mehr hin. Irgendwie hat mich die Situation der letzten Wochen etwas geschafft. Eine für mich große Frage blieb noch offen. Sie war einfach trotz Nachfrage unbeantwortet. Werde ich ab ersten September noch im Unternehmen arbeiten oder bin ich arbeitssuchend? Aber jetzt wollte ich daran erst einmal nicht denken.

Wie ich später, nach meinem Urlaub erfuhr, ging der Stress für Herrn Moll weiter. Mit dem Kochausbilder hatte nicht nur ich so meine Probleme.

An dieser Stelle muss ich betonen, dass ich mit Herrn Moll sehr gut klar gekommen bin. Was die Qualität der Ausbildung betraf, lagen wir auf gleicher Wellenlänge.

Unser Urlaub sollte nach Boikovo, ein Dorf in den Rodopen über Sofia und Plovdiv gehen. Wir wollten Urlaub bei unseren bulgarischen Freunden machen, viele Bergwanderungen unternehmen und einen Teil des Landes kennen lernen. Im Nachhinein muss ich sagen, ein sehr schöner und entspannter Urlaub. Ich hatte mich gut erholt, hatte aber auch mein Laptop bei mir. So konnte ich am 19. August eine Mail empfangen in der mir mitgeteilt wurde, dass ich ab September weiterbeschäftigt werde. Leider und wie immer nur mit einem Jahresvertrag.

KAPITEL 25

Am 29. August 2011 war mein erster Arbeitstag nach dem Urlaub. Wie immer fuhr ich mit einem mulmigen Gefühl zur Arbeit. Irgendwie hatte ich seit vielen Jahren immer so ein Gefühl, es sei in meiner Abwesenheit etwas Schlimmes passiert.

Ich erfuhr, dass Herr Moll noch keine Verlängerung seines Arbeitsvertrages erhalten hat. Dagegen hat Herr Herling seinen Vertrag bereits in der Tasche und das seit Ende Juli. Außerdem hat sich das Gerücht verfestigt, dass der Ausbilder der Maßnahmen aus der Niederlassung in unser Ausbildungsobjekt als Ausbilder wechseln soll. Wir waren nach wie vor dagegen, denn wir konnten uns nicht vorstellen, dass mit ihm eine vernünftige Ausbildung stattfinden könne. Herr Moll bat noch mehrmals um ein Gespräch mit der Niederlassungsleitung, leider vergebens.

Er versuchte immer wieder klar zustellen, dass wir die Vorbereitung der Hotelfachausbildung genauso ernst genommen haben, angefangen von der Zuarbeit zum Mietvertrag bis zur Planung.

Was wir gemacht haben, ist immer unter der Prämisse einer guten Ausbildung passiert, ohne Eigennutz und mit einem Maß weit über die normale Arbeitszeit hinaus.

Also mussten wir uns langsam die Frage stellen, ob Herr Moll aus dem Team gedrängt werden sollte. Ich versuchte bei anderen Mitarbeitern in der Niederlassung herauszubekommen, was an den Gerüchten und am Umgang mit Herrn Moll dran ist. Schnell musste ich erfahren, dass dies alles eine Strategie der AusbildungsleiterinFrau Hager ist. Sie will durchsetzen, dass Herr Hansel als neuer Ausbilder für die Stelle des jetzigen Ausbilders Herrn Moll eingesetzt wird. Was ist der Grund für diese Hinterhältigkeit?

Was ist so schlimm, dass unsere Führung einen gut laufenden Bereich auseinanderbrechen will?

Leider bekam ich keine weiteren Informationen wie es weiter geht. Frau Hager als auch die gesamte Leitung namen kein Gesprächsangebot von uns an.

KAPITEL 26

An dieser Stelle möchte ich einen kleinen Auszug aus einem Beitrag des Zeitblüten-Portals (zeitblueten.com) zum Thema „Mitarbeiter verheizen leicht gemacht" zum Besten geben:

Für viele Unternehmer wird der Leistungs- und wirtschaftliche Druck immer größer. Dieser Druck wird dann häufig auch an die Mitarbeiter weitergegeben.

Dabei wird oft der Eindruck erweckt, dass sich in der Schreibtischlade so mancher Vorgesetzten eine Anleitung befindet, wie man am besten seine Mitarbeiter verheizt. Und diese könnte in etwa so aussehen:

1. **Vermeide es, deine Mitarbeiter zu informieren**. Am besten, so wenig wie möglich für sie wesentliche Informationen weitergeben.
2. **Setze deine Mitarbeiter unter Druck**. Nur damit lassen sich Leistungen und Einsatz abrufen.
3. **Werde ruhig öfters laut**. Die Mitarbeiter sollen auch hören, wer das Sagen hat.

4. **Nicht loben** oder anderweitig Anerkennung vermitteln. Denn das führt nur zur Überheblichkeit
und Nachlässigkeit bei den Mitarbeitern.

5. **Keine Prioritäten vorgeben!** Ein Mitarbeiter,
der nicht selbst Prioritäten erkennt, ist kein guter
Mitarbeiter.

6. Es gilt Möglichkeiten zu finden, **Mitarbeiter ge-
geneinander auszuspielen.** Das fördert den
Konkurrenzkampf und kommt schließlich dem
Unternehmen zugute.

7. **Bleibe unberechenbar.**

8. Wirf Mitarbeiter ins "**kalte Wasser**". Nur so lernen sie schwimmen. Wenn sie es nicht lernen,
gehen sie eben unter. Es finden sich immer neue
Mitarbeiter, die schwimmen können oder es
schnell lernen.

9. Decke Mitarbeiter mit Aufgaben ein und setze für
die Erledigung möglichst **enge Fristen.** Nur so
lernen sie effizient arbeiten.

10. Beim Delegieren von Aufgaben halte dich **knapp
mit Informationen.** Dadurch wird das selbst-
ständige Arbeiten der Mitarbeiter gefördert.

11.**Peitsche die Mitarbeiter ständig an.** Fordere Leistung. Dafür werden sie ja schließlich bezahlt.

12.**Möglichst keine Ziele vorgeben.** Was geht das die Mitarbeiter an, wo das Unternehmen hin soll!

So oder so ähnlich könnte die Anleitung lauten. Nun aber genug der Ironie."

Ich muss sagen, viele dieser Punkte trafen inzwischen auch in unserem Unternehmen zu. So zum Beispiel der Punkt eins, vom Projekt Hotelausbildung erfuhren wir so gut wie nichts, aber wir sollten alles vorbereiten. Damit saßen wir in einer Falle aus der es kein Entkommen gab. Der Punkt vier – Lob gab es bei unserem Bildungsträger grundsätzlich nicht. Und natürlich der Punkt sechs – inzwischen hatte die Ausbildungsleiterin auch bei uns versucht, uns gegenseitig auszuspielen. Mit dem Kochausbilder gelang es ihr auch, denn dieser richtete seine Nase immer nach dem Wind und war ihr hörig wie ein Dackel. Anderseits konnte er bei ihr aber auch tun oder lassen bzw. garnichts tun, wie er will. Die Hauptsache er führt den illegalen Partyservice auf Staatskosten weiter.

KAPITEL 27

In diesem Lehrjahr hatte ich Jugendliche mit sieben Nationalitäten. Für mich und unser Team durchaus eine neue Herausforderung.

Es war der 29. August und heute war es wieder so weit. Das neue Ausbildungsjahr begann. Die Vorbereitungen für die jährlich stattfindende Eröffnungsveranstaltung waren abgeschlossen und die ersten neuen Azubis trafen gegen 08:30 Uhr ein. Wie immer noch etwas schüchtern und zurückhaltend, was sich aber innerhalb der nächsten Wochen ändern sollte.

Der Ablauf war auch wie immer. Der Niederlassungsleiter hielt eine Rede an das „Volk", die Mitarbeiter wurden vorgestellt und anschließend wurde auch wie immer gemeinsam gefrühstückt. Dann die Aufteilung der Azubis nach den Berufsgruppen und alle außer der gastronomischen Berufe und in diesem Jahr erstmals auch die Modenäher verließen unsere Ausbildungsstätte.

Jetzt hatte ich einen kleinen Vorteil. In diesem Jahr war ich nicht mehr der Neuling im Unternehmen und konnte damit selbst die Fäden in die Hand nehmen. Jetzt lief alles nach meiner Linie. Es folgten alle meinem Ruf. Bis auf eine Ausnahme verlief der Tag wie jedes Jahr. Die Ausnahme betraf die Namen meiner neuen Azubis. Bis zum letzten Jahr hatte uns das Jobcenter Auszubildende des ersten Lehrjahres ausschließlich aus Treptow/Köpenick zugewiesen. In diesem Jahr kommt das komplette erste Lehrjahr aus Berlin/Neukölln.

Um mir die Namen merken zu können, würde ich in diesem Jahr wohl etwas länger brauchen. Die Namen auszusprechen, war für mich schon eher gewöhnungsbedürftig. Nicht selten wurde ich ausgelacht, weil mein Sachsendialekt nicht so recht zu den türkischen oder arabischen Vokabeln passte. Nun, die lustige Begrüßungsphase ging vorbei. Jetzt wurde es Zeit mit der Ausbildung zu beginnen. Dachte aber auch nur ich. In dieser Klasse war ich fast der Einzige mit „Migrationshintergrund". Ich war einer der wenigen Deutschen mit deutschen Wurzeln. Mein neues erstes Lehrjahr durfte zwar hier viele Jahre (manche sogar zehn Jahre) zur Schule gehen, die Lese- und Schreibfähigkeit war sehr vielen jedoch fremd. Na, das kann ja noch heiter werden, dachte ich. Es stellte sich jedoch heraus, dass die Unfähigkeit des Schreibens und Lesens, noch das kleinere Problem werden würde. Ich hätte mir absolut nicht vorstellen können, dass hier aufgewachsene Jugendliche einen Vorbereitungsextrakurs auf das erste Lehrjahr benötigen könnten. Doch dem war so. Erwähnen möchte ich an dieser Stelle, dass die wenigsten meiner neuen Azubis „Rütli"-Schüler waren (inzwischen eine der positiven Schulen in Berlin-Neukölln).

Lehrschwerpunkt war die Vermittlung der als typisch Deutsch berühmt gewordenen Tugenden, wie zum Beispiel gegenseitiger Respekt zu den Mitauszubildenden, den Ausbildern, Dozenten sowie allen anderen erwachsenen Arbeitskollegen. Sehr viel Zeit musste aufgewandt werden, um die Pünktlichkeit in alle Köpfe zu bekommen. Die Arbeit beginnt täglich 7:15 Uhr und nicht erst je nach Lust und Laune, wenn man ausgeschlafen hatte zwischen 7:16 Uhr und ca. 14:00 Uhr.

Selbst von Sauberkeit hatten die meisten offenbar noch nie etwas gehört.

Na ja. Ich musste sie halt erst einmal so nehmen wie sie waren. Ich hatte ja keine anderen.

Eine meiner ersten Ansagen war: „ Alle legen das Handy weg, während der Ausbildungszeit wird weder telefoniert noch anderweitig mit dem Handy gespielt".

Dass mich dieser Satz die nächsten Jahre dauerhaft begleiten sollte, hätte ich nicht gedacht. Hier stellte ich fest, wie „notwendig" für Jugendliche heute ein Handy ist.

Trotzdem musste ich für mich feststellen, dass ich eigentlich einen der schönsten Berufe habe. Ich kann fast immer anderen helfen, was mir sehr viel Spaß machte, aber für mich auch eine großartige Befriedigung darstellte. Und jeder Tag lief anders ab, es gab nie eine Wiederholung. Wenn nicht die ständige Ignoranz der Leitung unserer Niederlassung über uns schweben würde.

Ach ja, ich hatte ganz vergessen zu erwähnen, dass Herr Moll, bisher ohne neuen Vertrag immer noch bei uns arbeitete. Es war einfach keinem aus der Führungsetage aufgefallen. Mal sehen wie sich die Situation noch entwickelt?

Nach der ersten Woche bekam ich wieder einmal eine Zusatzaufgabe. Unser Bildungsträger bekam eine neue Maßnahme, die „Berufsorientierung, kurz BO genannt. Diese Maßnahme diente der Orientierung von Schülern der siebten und achten Klassen einer Neuköllner Schule. Aufgeteilt in einem theoretischen Teil, der in unserer Niederlassungszentrale, welche sich in deinem anderen Teil Neuköllns befand stattfand und einem praktischen Teil der dann in den jeweiligen Objekten der berufsbildenden Maßnahmen zum Tragen kam.

Ich hatte damit allerdings ein Problem, welches ich auch der Ausbildungsleiterin kundtat. Gerade in den ersten Monaten war für die neuen Auszubildenden jede helfende Hand gefragt, und erst recht die des Sozialpädagogen. Aber was spielte das bei diesem Bildungsträger für eine Rolle. Anstatt wie vorgesehen, für diese

Maßnahme entsprechende Mitarbeiter einzustellen, wurden einfach die vorhandenen aus ihren Arbeitsbereichen herausgezogen. Damit konnte man viel Geld sparen!

Nun blieb mir nichts anders übrig, als unsere Azubis für acht Wochen zu verlassen und mich dieser neuen Aufgabe zu widmen. Für diese Zeit wurde ich in unserer Ausbildungseinrichtung nicht mehr vertreten.

Am ersten Tag fuhr ich diesmal in unsere Niederlassung um die angekündigten acht Wochen schnell hinter mich zu bringen. Das Schlimmste für mich war die Tatsache, dass ich täglich die Ausbildungsleiterin Frau Hager traf. Aber auch da musste ich durch.

Die Mitarbeiter, die für diese Aufgabe vorgesehen waren bekamen ein Dokument, in welchem der Ablauf der BO-Maßnahme stand. Eine weitere Einweisung war nicht vorgesehen. Typisch für diesen Bildungsträger, ja keinen Schritt zu weit gehen und zu viel zu informieren. Wir waren immer zwei Kollegen für jeweils eine Gruppe Schüler, in der Anzahl von fünf bis sechs. Ich selbst war mit einem Praktikanten für eine Gruppe verantwortlich. Dieser war jetzt gerade zwei Wochen bei uns und hatte vorher einen Lehrgang besucht. Er war weder Pädagoge noch Ausbilder und wurde dennoch vorgesehen. Man kann ja alles lernen, aber von den bisherigen Mitarbeitern hat man eine spezielle und erforderliche Qualifikation voraus gesetzt. Nun ja, wir suchten uns zuerst alle Arbeitsmaterialien zusammen, damit wir überhaupt beginnen konnten.

Jetzt kamen die Schüler mit ihrer Lehrerin, was man an der Lautstärke nicht überhören konnte. Also Augen zu und durch war ab jetzt die Devise.

Wir teilten die Kinder in Fünfergruppen und führten sie in je einem Schulungsraum. Zuerst stellten wir uns und unseren Bildungsträger den Siebenklässlern vor. Dann baten wir die Schüler uns ihre Berufswünsche zu nennen. Nach meiner Meinung war die siebente Klasse doch etwas früh für eine Berufsorientierung. Das zeigte sich dann auch an den Berufswünschen. Das erste Mädchen hatte ja noch einen normalen Wunsch, Friseurin, die zweite wollte Modeverkäuferin werden. Beide hatten jedoch auf Nachfrage keine Vorstellung von den Aufgaben und Tätigkeiten in diesen Berufen. Weitere Mädchen wollten einfach nur HarzIV. Auf Nachfrage kam die Antwort: „Das ist doch schön, meine Eltern sind immer zu Hause und bekommen trotzdem Geld". Bei den Jungs wurde es schon „interessanter". Hier standen Berufswünsche im Raum die ich so nicht erwartet hätte. Von Zuhälter über Waffenverkäufer bis hin zu Autoschieber war alles dabei. Den normalsten Beruf äußerte ein Junge, er wolle Polizist werden. Auf Nachfrage, was er denn so interessant daran findet, kam die Antwort: „Da kann ich mit einer Waffe rumballern".

Ich merkte sehr schnell, dass hier viel Arbeit von Nöten war, um das Ziel der Maßnahme zu erreichen.

Ich bat alle Schüler ihr Schreibzeug herauszunehmen. Da erlebte ich die nächste Überraschung. Schreibzeug? „Was soll das?" war die Gegenfrage. So etwas haben wir nicht mit. Jetzt wurde es interessant! „Was habt ihr denn in euren Taschen? Die Mädchen fingen an, ihre Handtaschen, das waren ihre Taschen, auszuräumen. Was kam da nicht alles zum Vorschein? Nur wichtige und wichtigste Dinge wie Kosmetik, Handys, Schmuck usw. Die Jungs hatten erst gar keine Taschen mit. Damit konnten wir nun wahrlich nicht viel anfangen. Also neue Strategie – den Praktikanten losschicken um Arbeitsmaterialien zu holen. Ich verwickelte die Schüler derweil in weitere Gespräche. Nach etwa fünfzehn Minuten konnten wir dann endlich mit unserem Programm starten. Ich erläuterte erst einmal den Ablauf der nächsten Wochen und erzählte natürlich zu allererst aus meinem eigenen Bereich – der Gastronomie und Hotellerie.

Die Begeisterung hielt sich allerdings bei allen Berufen, die sie bei uns ausprobieren konnten, in Grenzen.

Es hatte ja nicht viel mit ihren eigentlichen „Wünschen" zu tun.

So vergingen die ersten Wochen mit den Schülern im Bereich Theorie und wir erfuhren gleichzeitig viel über die Schule aus der sie kamen. Auch von den Lehrern ergaben sich für mich neue Erkenntnisse. So erzählte eine junge Lehrerin von ihrer Wunschversetzung von Hamburg nach Berlin. Sie war jetzt gerade vier Wochen an dieser Schule. Ihr Fazit für diese ersten Wochen „Wenn ich gewusst hätte, dass ich nach Berlin-Neukölln komme, hätte ich mich nie versetzen lassen".

Mit einer anderen Gruppe hatten wir ein ganz anderes Problem. Vier der sechs Kinder waren aus Rumänien. Diese waren nach kurzer Zeit bereits in eine Regelklasse gekommen. Nur, die deutsche Sprache beherrschten sie überhaupt nicht. Die Lehrerin selbst stammt aus Russland und konnte sich mit diesen Kindern nicht verständigen. Das große Glück für diese Gruppe war ein Junge, auch aus Rumänien stammend, der bereits länger in Deutschland lebte. Er konnte sich relativ gut verständigen und hatte gleichzeitig die Aufgabe als Dolmetscher zwischen Lehrerin und Schülern zu agieren.

Soviel zu unserem Schulsystem. Viele dieser Lehrer und Lehrerinnen die ich in dieser Maßnahme kennenlernen durfte waren völlig überfordert. Ein Satz den ich damals hörte hat sich bei mir regelrecht eingebrannt: „Ich bin froh, wenn ich nach Feierabend die Schule heil verlassen kann"!

KAPITEL 28

Nach acht Wochen in der Maßnahme Berufsorientierung konnte ich endlich wieder zu meinen Schützlingen
zurück. Es wurde aber auch höchste Zeit.

Auf meiner Arbeitsstelle angekommen, erfuhr ich,
dass Herr Moll erkrankt ist. Gleichzeitig hat er die frist-
lose Kündigung bekommen, denn die weitere Tätigkeit
des Ausbilders war unserer Führung ja entgangen.

Und es kam wie es kommen musste, der Ausbilder
aus der Niederlassung, Herr Hansel wurde neuer Ausbilder, um Herrn Moll zu ersetzen.

Meine Azubis freuten sich auf mein Wiederkommen
und hatten gleichzeitig ein großes Problem mit der
Kündigung ihres Ausbilders. Sie verfassten sogar eine
Petition an die Niederlassungsleitung, jedoch ohne Erfolg. Ich glaube, auf die Antwort warten sie noch heute.

Heute war der Tag, an dem unser neuer Ausbilder zu uns stoßen sollte. Er kam gemeinsam mit Frau Hager, der Ausbildungsleiterin. Ich stellte sofort fest, dass sie sich duzten. Kurze Zeit später musste ich noch feststellen, dass Frau Hager dieses gesamte Komplott geschmiedet hat um den Herrn Hansel bei uns zu platzieren. Damit hatte sie jetzt immer die verlängerten Ohren und Augen bei uns. Der neue Ausbilder stellte sich bei uns noch einmal vor. Er habe zuerst Koch gelernt, dann noch ein Jahr Ausbildung zum Restaurantfachmann ran gehängt und anschließend den Meisterlehrgang absolviert. Ich stellte der Ausbildungsleiterin die entscheidende Frage: „Wie will Herr Hansel die Hotelfachleute ausbilden, wenn er doch keine entsprechende Qualifizierung hat?". Frau Hager: „Das ist alles mit der IHK abgeklärt".

Ich war sprachlos. Einen qualifizierten und sehr guten Ausbilder, den die Auszubildenden auch noch mochten, hat man gekündigt und einen weniger qualifizierten Ausbilder uns vor die Nase gesetzt. Wie vor die Nase gesetzt? Herr Hansel wurde gleichzeitig unser Projektleiter. Nun hatten wir einen Volltreffer im Haus!

Ich konnte mich aber nicht so einfach damit abfinden. Ich wartete bis Frau Hager wieder verschwunden war und sprach den neuen Ausbilder auf seine Strategie an. Er wolle erst einmal alles so lassen wie es ist. Das kam mir sehr verdächtig vor, denn ich hatte bereits in der Niederlassung gehört, Herr Hansel wird erst einmal den „Haufen" auf Vordermann bringen. Das sagt eigentlich alles aus und widersprach seiner jetzigen Aussage. Für mich erschien ein großes rotes Achtungszeichen.

Nach dem Mittagessen kamen zwei Auszubildende auf mich zu. Im Kopf vorbereitet hatte ich schon den Satz: „ Meine Damen ich bin schon verheiratet und viel zu alt für euch".

Doch dann platzte instinktiv ein ganz anderer Satz aus mir heraus: „Und? wer von euch beiden ist schwanger?" Beide schauten sich wie ertappt an und fragten erschrocken: „Woher wissen Sie denn das schon wieder?" Ich dachte nur, auch das noch! „Was soll ich denn jetzt machen? Meine Eltern haben keine Ahnung, meinte Chantalle. Kann ich die Ausbildung unterbrechen, wenn es dann soweit ist? oder muss ich sofort die Ausbildung abbrechen? Werde ich überhaupt schwanger zur Prüfung zugelassen? Ich glaube, ich schaffe das nicht!"

Ich beruhigte sie erst einmal und machte mit ihr einen Gesprächstermin für den nächsten Tag aus. Wenn sie sich dabei wohler fühlte, so sagte ich ihr, könne sie eine Person ihres Vertrauens mitbringen. Ich dachte dabei an ihre Mutter. Ich hatte meine ersten Hausaufgaben. Ich recherchierte die Gesetze wie Jugend-, Arbeits- und Mutterschutz für Schwangere. Ich nahm Rücksprache im Allgemeinen, hatte ja schließlich den Datenschutz zu wahren und wollte den Vertrauensvorschuss auch nicht aufs Spiel setzen. Ein Schonarbeitsplatz wurde eingerichtet.

Am nächsten Tag kam sie dann wieder mit ihrer Freundin und wir sprachen ausführlich darüber, wie sie die Zeit der Schwangerschaft bei uns überstehen könne. Wie sie nach der Entbindung die Ausfallzeit und Prüfungsvorbereitung nachholen sollte.

Am Abend rief ich dann meine Tochter an, um zu hören, wie es ihr geht. Sie war im gleichen Alter und zur

Ausbildung in Heidelberg. Also weit weg von Mama und Papa.

„Gott sei Dank" war bei ihr Alles in Ordnung.

KAPITEL 29

Im selben Jahr begann bei uns eine Maßnahme der Berufsvorbereitung. Mein ehemaliger Praktikant aus der Berufsorientierung übernahm dieses Projekt, denn er war zwischenzeitlich einer unserer Mitarbeiter.

Auch ein Ausbilder wurde hierfür eingestellt.

Da wir die Ausbildungsküche für die Berufsorientierung vorbereitet hatten, konnte dieses Projekt gleich beginnen.

Ich stellte schnell fest, dass diese jungen Menschen nicht anders als meine Auszubildenden waren. Und gleichzeitig kam ich zu der Erkenntnis, dass das in Berlin-Neukölln offensichtlich der Normalzustand ist.

Da der verantwortliche Kollege für die Berufsausbildung des Öfteren im Objekt der Niederlassung zu tun hatte, bekam ich ab sofort immer die neusten Informationen.

So informierte er mich nach ca. einem Monat, dass Frau Hager jetzt auch mich auf dem Kicker hat.

Schließlich will sie nur Mitarbeiter, die ihr nach dem Mund reden und nicht so viele Forderungen bzgl. der Qualität der Ausbildung stellen.

Da unsere Azubis aus dem Hotelfach recht schnell in ein Praktikum vermittelt wurden, haben wir in Abstimmung mit der Berufsvorbereitung diese Jugendlichen im Ausbildungsrestaurant und in der Küche mit eingesetzt. Damit konnten sie gleich noch mehr praktische Erfahrungen sammeln.

Diese enge Zusammenarbeit gefiel nicht allen. Eine von diesen war unsere Ausbildungsleiterin Frau Hager. Aber das war ja jetzt kein Problem mehr. Dafür hatte sie ja den neuen Ausbilder Herrn Hansel. Dieser verstand sich übrigens mit unserem Kochausbilder sehr gut. Denn beide hatten nicht unbedingt ein gutes Verhältnis zu den Auszubildenden, aber in ihrer Vorgesetzten eine gemeinsame „beste Freundin". Mit ihrer integranten und unehrlichen Art waren sie bei allen anderen im Kollegenkreis nicht gerade beliebt.

Die Azubis in der Küche durften meistens nur Hilfs-
arbeiten ausführen, Fleisch in der Endphase bearbeiten blieb dem Kochausbilder vorbehalten, hier durfte
keiner ran.

Und der Ausbilder für den Service, also Herr Hansel
hatte auf diesem Gebiet eigentlich keine Ahnung.

Eines Tages kam ich aus meinem Büro ins Restaurant und stellte fest, dass die Servietten für das Mittagsgeschäft völlig falsch auf den Tischen platziert
wurden. Den Ausbilder darauf angesprochen, meinte
er, das sei doch egal es sieht aber gut aus. Der fachliche Bereich spielte offensichtlich keine Rolle mehr.

Beide Ausbilder auf die Mängel in der Ausbildung
angesprochen, stellte sich für mich als das Aus für gute
Qualität heraus.

Einen Tag später erfuhr ich vom Kollegen der Be-
rufsvorbereitung (BvB), dass mein Gespräch mit den
Ausbildern bereits mit Frau Hager ausgewertet wurde.
Von Frau Hager bekamen sie offensichtlich ein gutes
Zeugnis für ihre Ausbildung ausgestellt. Herr Hansel

war immerhin der Wunschausbilder für den Bereich Service und Herr Herling war bereits der am längsten im Bereich Gastronomie eingesetzte Mitarbeiter.

Diese Unstimmigkeiten blieben den Azubis natürlich nicht verborgen. Erst wurde ihnen der Ausbilder, der vom Fach was verstand, weggenommen, dann wurden sie nicht mehr fachgerecht ausgebildet. Die Azubis wollten immer öfter ihre Ausbildung im kaufmännischen Bereich durchführen. Dann konnten sie bei mir sein.

Aber auch das vermiesten die Ausbilder den Azubis, indem sie immer mehr zum Putzen und anderen Arbeiten eingesetzt wurden.

KAPITEL 30

Hier möchte ich noch ausführen, dass Herr Moll und ich mit den alten Azubis auch eine eigene Wäscherei eingerichtet haben.

Mit der Schneiderei gab es allerdings so einige Probleme. Die verantwortlichen Mitarbeiter des Unternehmens kümmerte es überhaupt nicht, dass eigentlich eine Ausbildung in der Schneiderei nicht beginnen kann. Es waren keine Möbel vorhanden. Nun mussten wir improvisieren. In unserem Gebäude gab es noch einen anderen Bildungsträger. Dieser stattete sich gerade mit neuen Möbeln aus und die alten Möbel sollten entsorgt werden. Also hieß es für uns auf in die oberste Etage und die alten Möbel einsammeln. Damit konnten wir zumindest erst einmal die Ausbildungsräume der Schneiderei ausstatten.

Als die neue Ausbilderin Frau Sakin für diesen Bereich bei uns erstmals ankam, waren zwar die Räume mit Möbeln, wenn auch alte, ausgestattet, aber das eigentliche Ausbildungsmaterial und die entsprechende

Technik wie Nähmaschinen, Schneidermaterial u.a., waren immer noch nicht vorhanden.

Unser Bildungsträger hatte großes Glück mit dieser Ausbilderin. Frau Sakin besorgte kurzfristig genügend Arbeitsmaterialien, und die notwendige Technik konnte durch ihre Beziehungen zu ihrem ehemaligen Bildungsträger kostengünstig eingekauft werden. Jetzt konnte also auch diese Ausbildung richtig beginnen. Die Auszubildenden der Schneiderei waren immerhin schon drei Wochen bei uns.

Das war wieder typisch für unseren Arbeitgeber. Die Arbeitsagenturen und Jobcenter zahlten monatlich viel Geld für Auszubildenden, Umschüler oder Teilnehmer in der Berufsvorbereitung. Sie glaubten, für dieses Geld eine gute Qualität an Ausbildung oder aber eine hohe Vermittlungsquote an Ausbildungs- oder Arbeitsplätzen auf dem ersten Ausbildungs- und Arbeitsmarkt zu erhalten. Wenn der Bildungsträger, wie von den Ämtern erwartet, die Ausbildungsstätten gut ausgestattet und auch das Personal nicht nur mit den vorgeschriebenen Mindestlohn bezahlt hätte, wären die Investitio-

nen in die Zukunft der Jugendlichen vielleicht ziehlfüh-
render gewesen.

Stattdessen flossen ein Großteil dieser Gelder in pri-
vate Kanäle (Partyservice unter Einkaufswert oder Jugendliche, die bereits seit längerer Zeit nicht mehr anwesend waren und eigentlich gekündigt werden müssten wurden offiziell weiter ausgebildet und es flossen
weiter die Gelder von den Ämtern). Im Umkehrschluss
musste ich feststellen, dass es den staatlichen Institu-
tionen eigentlich egal war. Die Mitarbeiter der Behörden waren froh, dass sie die Jugendlichen nicht mehr
selbst betreuen mussten. Also gab es für diese Jugendliche auch noch die fünfzehnte Chance, die sie
aber nicht schätzten.

Ein weiterer Grund war das Sauberhalten der Statistiken. Waren die Jugendlichen in der Ausbildung beim
Bildungsträger, waren sie gleichzeitig vermittelt und
tauchten nicht mehr in der Arbeitslosenstatistik auf.

Eine weitere Einsparungsquelle war der vorge-
schriebene Mindeslohn bei Bildungsträgern, die im Auftrag der Bundesagentur für Arbeit Aufträge ausführten.
Bei diesem Bildunsgträger wurden die Akademiker wie

Sozialpädagogen oder Dozenten wie die Sekretärin, die Reinigungskräfte und der Hausmeister bezahlt, also mit Mindestlohn. Die Begründung war sehr abenteuerlich. Auch das technische Personal kommt in der täglichen Arbeit mit den Auszubildenden in Kontakt und arbeitet damit auch pädagogisch. Wenn sich die Sozialpädagogen über diesen Mißstand beschwerten, wurde der Standartsatz gehört: „ Sie müssen ja nicht bei uns arbeiten, sie können ja kündigen".

KAPITEL 31

Durch den eigentlichen Glücksumstand der vielen verschiedenen Bereiche stellte ich einen neuen Ausbildungsplan auf. Hier sollten die Bereiche Restaurant, Küche, Ausbildungsküche, Wäscherei und Lager, Rezeption und Schneiderei eine Einheit in der Ausbildung spielen.

Wir hatten uns damit selbst in die Lage versetzt, dass endlich eine fast vollwertige Ausbildung stattfinden konnte.

Bis zum Tag, an dem ich mein Büro räumen musste. Der Grund war ganz einfach. Der Kollege der Berufsvorbereitung (BvB) musste sein Büro in der Niederlassung räumen und benötigte dafür ein Büro bei uns in der Ausbildungsstätte. Die Ausbildungsleiterin Frau Hager wies an, dass ich dafür die Rezeption auflösen muss und diesen Raum als Büro nutze. Übrigens gemeinsam mit der Ausbilderin der Schneiderei Frau Sakin. Da wir uns gut verstanden, war das kein Problem.

Aber es entstand gleichzeitig ein weiteres Problem, ich hatte keinen separaten Raum für sozialpädagogische Gespräche mit den Azubis. Doch diese Situation spielte für unsere Ausbildungsleiterin keine Rolle. Wie auch?! Sie hatte ja keinen pädagogischen Berufshintergrund. Von Personalführung, Mitarbeitergesprächen und Datenschutz hatte sie keine Ahnung und interessierte sie auch nicht.

Zwischenzeitlich versuchten die Ausbilder Küche und Service mich aus dem Ausbilderteam zu drängen. Das ging so weit, dass sie versuchten die Azubis gegen mich auszuspielen. Glücklicherweise hatten die Azubis einen besseren Verstand als die Ausbilder. Schließlich waren die beiden Ausbilder, Herr Hansel und Herr Herling sehr arbeitsfern und konnten so von Frau Hager ferngesteuert werden.

Ach ja, ich hatte ja noch ein Gespräch mit der Ausbildungsleiterin, Frau Hager. Sie machte mir klar, dass ich mich ab sofort nicht mehr in die Ausbildung einmischen darf. Die Ausbilder haben freie Hand. Das war eine klare Kampfansage. Dafür ging es mit der Ausbildung weiter bergab.

„Wenn Dummheit Blüten trägt,... War das mit den blühenden Landschaften gemeint?"

Aber wir hatten seit neuestem noch ein weiteres Problem.

Unsere technische Ausstattung (z.B. im Computerkabinett, im Lager, in der Küche aber auch in den Büros) weckte doch einige Begehrlichkeiten. Es verschwanden regelmäßig Ausrüstungsgegenstände aber auch Nahrungsmittel aus dem Trockenlager, dem Kühlhaus und Getränkelager. Teilweise täglich aber regelmäßig samstags und sonntags. An den Wochenenden hat man mehr Zeit und kann sich vielleicht auch mehr Helfer organisieren. Wir hatten bereits eine „Flatrate" bei der Polizei. Dort kannte man unsere Telefonnummer aber auch die Namen unserer Auszubildenden schon auswendig und die „Spezis" persönlich.

Aufgrund dieses Problems schlug ich eine Videoüberwachung vor. Dies wurde natürlich, wie erwartet abgelehnt. Also blieb der Zustand der Diebstähle uns erhalten.

KAPITEL 32

Seit September des neuen Ausbildungsjahres 2011 war auch Kelvin da. Kelvin, ein Auszubildender zum Koch, der in seinem bisherigen Ausbildungsbetrieb, um es vorsichtig auszudrücken, nicht mehr zurechtkam. Er hatte bereits zwei Lehrjahre hinter sich und bekam nun bei uns eine Chance, die Ausbildung zu beenden.

Wer war Kelvin? Kelvin war ein Jugendlicher, der immer etwas Besonderes sein wollte. Er hatte natürlich bereits einiges gelernt, was allerdings für eine Abschlussprüfung noch nicht reichte. Er war auch der Meinung, dass er in unserer Ausbildungseinrichtung nichts mehr lernen könne. Nach ca. zwei Woche bestellte ich Kelvin zu mir. „Kelvin: Was hältst du davon, wenn ich dir einen Ausbildungsplatz in einem guten Berliner Restaurant besorge, dort kannst du deine Ausbildung dann beenden". Ich stellte aber schnell fest, dass Kelvin keine Lust auf ein neues Restaurant hatte. Denn in so einem Restaurant musste er ja richtig arbeiten. Diesen Eindruck bestätigte mir auch Martin, allerdings mit den Worten: „Ach nö, ich bleibe lieber

erst einmal hier und schau mir das noch einmal an".
„Okay sagte ich, dann lass aber deine bisherige Ober-
flächlichkeit und deine Arroganz zu Hause. Solche Ei-
genheiten mag ich hier nicht" und schickte Martin wieder in die Küche, denn es war kurz vor Mittag und jede
Hand wird gebraucht.

Es war einige Zeit vergangen und ich hatte Kelvin,
wie natürlich auch alle anderen Azubis ständig im
Blick. Bei Kelvin musste ich aber feststellen, dass er
der Meinung war, er könne inzwischen besser kochen
als alle anderen, inkl. der beiden Kochausbilder. Außerdem stellte er sich vor, die Ausbildung solle auch
Spaß machen, was natürlich im Grundsatz stimmt. Allerdings stellte sich der Spaß bei Kelvin etwas anders
dar, nämlich die Ausbildung sollte wie auf einem „Ponnyhof" sein. In seinen Augen war Spaß den ganzen
Tag ohne Verantwortung und natürlich auch ohne Arbeit der bessere Zeitvertreib.

Das war jetzt der Zeitpunkt, an dem ich Kelvin erneut zum Gespräch holen musste. Es klopfte an meine
Bürotür. „Herein!". Kelvin stand in der Tür und sagte

"Was soll ich denn schon wieder hier, ich habe doch gar nichts gemacht". „Genau" sagte ich. „Du hast schon seit langem nichts mehr gemacht. Du hast dich zu einem der faulsten Auszubildenden entwickelt. Damit ist jetzt Schluss. Du kannst dir innerhalb einer Woche selbst einen Praktikumsplatz in einem Berliner Restaurant oder Hotel besorgen, oder du gehst dort hin wo ich für dich einen Platz finde". Wie erwartet kam natürlich sofort ein massiver Protest. Er wäre doch immer fleißig, unterstütze die anderen Azubis und ist auch immer pünktlich. Zur Pünktlichkeit konnte ich bei ihm nichts sagen, denn er war einer der wenigen Azubis, die wirklich immer pünktlich waren. Die beiden anderen Argumente musste ich allerdings zerschlagen. Ich forderte Kelvin nochmals auf, sich einen Praktikumsplatz zu besorgen und dies innerhalb einer Woche. Das bekam er dann noch schriftlich als Arbeitsauftrag.

Nach drei Tagen kam Kelvin noch sehr früh vor Ausbildungsbeginn. „Herr Kaufmann, ich habe einen Praktikumsplatz gefunden. Es ist ein veganes Restaurant in Berlin Mitte". Oh, dachte ich, dass ging ja schnell. „Super Kelvin, ich sehe, du kannst dich ja doch anstrengen wenn du willst. Wann kannst du anfangen?". „Na ja, Sie sollen erst einmal in das Restaurant kommen. Danach kann ich, wenn alles in Ordnung ist, sofort anfangen." „Und du willst wirklich, fragte ich noch einmal"? Kelvin antwortete ganz schnell, als ob es etwas zu gewinnen gäbe, natürlich, endlich raus hier!" „Okay" sagte ich, dann gib mir die Kontaktdaten und ich werde für uns beide einen Termin vereinbaren. Kelvin war offensichtlich zufrieden mit mir und sich selbst und ging an seine Arbeit.

Nach zwei Tagen hatten wir einen Termin bei dem Inhaber des Restaurants. Wir wurden sehr freundlich begrüßt, der Inhaber erzählte etwas über das Restaurant, die Philosophie des veganen Essens und das Personal. Die Arbeit im Restaurant spielte dabei offensichtlich eine sehr große Rolle. Nun aber kam meine Frage: „Wie sieht es mit der Ausbildung aus, hat das Restaurant einen Ausbilder und ist der Betrieb auch ausbildungsberechtigt?" Jetzt kam der Inhaber, Herr N. doch ins stocken. Einen Ausbilder haben wir noch nicht, meinte er. Aber das können wir kurzfristig klären. „Ich habe einen Bruder, der hat auch ein Restaurant in

Berlin-Kreuzberg. Der Küchenchef dort ist auch Ausbilder. Wir können ja diesen Küchenchef auch bei uns als Ausbilder einsetzten. Danach beantragen wir sofort die erforderliche Ausbildungsgenehmigung bei der IHK." „Okay" sagte ich, dann kann Kelvin ja mit seinem Praktikum beginnen. „Den Nachweis für die erforderlichen Genehmigungen will ich allerdings innerhalb von vierzehn Tagen haben". Damit waren alle Ungereimtheiten beseitigt und ich hatte einen neuen Trick der Gastronomie, nämlich einen Ausbilder von außen einzusetzen, kennengelernt. Jetzt schauten wir uns noch die Räumlichkeiten des Restaurants an und Herr N. lud mich noch zum Essen ein. Einer der wenigen Annehmlichkeiten in meinem Beruf.

Es war zwölf Wochen vor der Abschlussprüfung des aktuellen Jahrganges. Kelvin ist zur Vorbereitung derselben aus dem Praktikumsbetrieb zurückgekommen. Wir hatten vereinbart, dass Kelvin bei uns die entsprechende Prüfungsvorbereitung absolviert. Das heißt erst einmal für die theoretische Prüfung lernen. Ich merkte schnell, dass Kelvin hierzu keine sonderliche Lust mitbrachte. Aber ich sagte ihm: „Es nützt nichts, ich werde ihm das noch fehlende Wissen reinpauken". Notgedrungen machte Kelvin mit, war aber doch lieber in der Küche. Wie dem auch sei, wir schafften das Pensum trotzdem und Kelvin konnte relativ beruhigt zur theoretischen Prüfung gehen. Ich kontrollierte am Tag vor der Prüfung noch einmal, ob er alles, was er zur Prüfung benötigt, hat. Es war also alles für eine erfolgreiche erste Prüfung getan.

Zwei Tage später, also nach der theoretischen Prüfung war Kelvin wieder bei uns in der Ausbildungseinrichtung. Er war sehr froh, die Prüfung endlich geschafft zu haben. Er meinte: „ Die Prüfung habe ich geschafft, egal wie das Ergebnis aussieht – er hat auf alle Fälle bestanden".

Jetzt mussten wir auf die Einladung zur praktischen Prüfung warten. Dann können wir mit der entsprechenden Vorbereitung weiter machen. Die Zeit zog sich allerdings hin und Kelvin dachte wieder, er wäre auf einem „Ponnyhof" zum Austoben. Diesen Zahn habe ich ihm aber schnell gezogen. Ich gab ihm theoretische Warenkörbe wie zur Prüfung und er musste sich mit seinem Ausbilder damit auseinandersetzen. Wie immer hatte auch der Ausbilder keinen Bock auf diese Arbeit. Ich nahm mir also auch Herrn Herling vor. Ich sagte ihm: „Ich wusste nicht, dass ich einem langjährigen Ausbilder die Aufgaben in der Ausbildung erläutern muss." Er wollte sofort wiedersprechen, aber ich schnitt ihm das Wort ab: „Du hast eine Verantwortung und ich erwarte im Interesse aller Auszubildenden, dass du diese wahrnimmst." Er knurrte noch einmal und dann war es still. Ich dachte, er geht in sich und macht sich seine Aufgaben noch einmal klar. Ich hatte mich wieder einmal getäuscht, wie ich einige Tage später feststellen musste.

Frau Hager, die Ausbildungsleiterin kam gemeinsam mit Herrn Herling morgens in unseren Ausbildungsbereich. Ich hätte es eigentlich wissen müssen. Sie hatten teilweise den gleichen Weg. Was ich noch nicht wusste, er hat sich gleich bei ihr ausgeheult. Der „böse" Sozialpädagoge hat mich niedergemacht usw. Frau Hager miemte erst einmal die freundliche und versuchte „nette" Gespräche zu führen. Nachdem die Ausbildung begonnen hatte, beorderte sie mich in das Büro der Ausbilder. Ihre ersten Worte „was musste ich über sie hören?" Ich war völlig perplex und konnte mir erst keinen Reim auf ihren Angriff machen, denn ihre Tonanhebung war wie ein Angriff. „Herr Herling hat mir vom Gespräch mit ihnen erzählt. Er und auch ich finden es unverschämt, wenn sie einem Ausbilder unterstellen, er macht seine Aufgaben nicht. So etwas hat sich noch niemand erlaubt." Sie erwartete von mir, dass ich den Kochausbilder in Ruhe lasse. Schließlich hat er genug zu tun. Damit entließ sie mich aus dem Büro und ich ging erst einmal auf den Hof um Luft zu schnappen. So ein Gespräch hatte ich zuvor noch nie gehabt. Mir ging es schließlich nur um eine gute und ordentliche Ausbildung. Und wenn ich der Meinung bin, dass diese nicht gewährleistet ist, musste ich etwas tun. So war grundsätzlich meine Einstellung. Später sollte ich erfahren, was ich mit meiner Einstellung alles anfangen kann, nämlich nichts. Aber das ist ein anderes Kapitel und kommt später.

KAPITEL 33

So verging die Zeit in der überbetrieblichen Ausbildung. Ich war jetzt im dritten Jahr bei diesem Bildungsträger. Mein Ziel, den Jugendlichen eine gute Ausbildung mit dem gesamten Team zu bieten wurde von Tag zu Tag geringer.

Mich machte diese Situation immer unzufriedener und die Ausbilder lehnten sich immer weiter zurück.

Die Hauptaufgabe vom Ausbilder der Köche war inzwischen, sich mit Urlaubsreisen zu beschäftigen. Täglich suchte er sich neue Urlaubsreisen im Internet und das konnte durchaus manchmal Stunden dauern.

Ich musste etwas tun. Da ich auch immer öfter mit der Ausbildungsleiterin Frau Hager aneinander geriet, stand mein Entschluss fest. Ich schrieb einen sehr ausführlichen Brief an den Niederlassungsleiter. Hierzu bekam er auch eine E-Mail von einem ehemaligen Teilnehmer einer gastronomischen Bildungsmaßnahme.

Ausschnitte werden von mir hier veröffentlicht, damit der Leser besser versteht, wie eine bisher gute Ausbildung bewusst den „Bach runtergeht".

Hier also mein Brief in Ausschnitten:

„Leider bin ich gezwungen Ihnen heute zu schreiben.

Ich hatte angenommen, dass nach unserem gemeinsamen Gespräch im Dezember 2011 sich die Wellen glätten, und jetzt eine normale ruhige Ausbildung stattfinden kann. Leider hatte ich mich geirrt. Aus diesem Grund hatte ich am vergangenen Freitag erneut eine Aktennotiz geschrieben. Jedoch halte ich es für unverantwortlich und auch für mich nicht mehr für möglich, so weiter zu arbeiten, als sei alles in Ordnung.

Aus diesem Grund möchte nochmals versuchen, Ihnen vorerst in ein vertrauliches Vier-Augen-Gespräch die inzwischen extremen Probleme zu diskutieren. Als Grundlage sende ich Ihnen meine Aktennotizen vom letzten Freitag und die vom Zeitraum Oktober/November sowie eine Mail eines ehemaligen Kursteilnehmers (der bei uns einen gastronomischen Lehrgang absolviert hat)."

Hier die E-Mail des ehemaligen Kursteilnehmers:

„nachfolgend möchte ich Ihnen meine Beobachtungen schicken.

Ich habe Hr. Hansel ja jetzt mehrfach gesehen.

Bei meinem Besuch am 11.10.2011 sind mir schon einige Sachen aufgefallen:

* Inkompetenz im Bereich Service
- er fragte mich, wie man es den Auszubildenden erklären kann, wie man fachlich einen á la carte Tisch eindeckt
- Anordnungen von Gläsern war ihm auch ein Fremdwort
- Vor- und Nacharbeiten scheinen für ihn kein Kriterium einer guten Gastronomie zu sein

* Umgang mit ihm anvertrauten Auszubildenden
- Umgangston scheint er nicht zu kennen
- erst Anschreien und danach wieder "einschleimen"

- weder als Führungsperson noch als Ausbilder Ein-
fühlungsvermögen zu den Azubis

Bei meinem Besuch an 18.10.2011 sind mir folgende
Sachen aufgefallen

* täglicher Ablauf gab es nicht
- zum Frühstück kümmerte er sich nicht um die Auszubildenden
- Nacharbeiten wurden auch nicht gemacht
- Mittagsgeschäft gab es keine Vorbereitungen
- auf Anfrage von Fr. Kaiser (eine Mitarbeiterin aus der
Niederlassung).: ob die Azubis nicht mal etwas zum
Mittagsgeschäft eindecken wollen, gab es nur vom
Ausbilder die Antwort:
der ehemalige Kursteilnehmer ist ja schon da, der
macht das schon fachlich richtig

* Vorbereitung zur Zwischenprüfung von J.:
- fand insoweit nicht statt
- zum Frühstück wurden ihr über mehrere Tische einige
Fragen gestellt
- wenn so eine Vorbereitung von Azubis zur Zwischen-

prüfung aussehen soll, dann gute Nacht an die Hotellerie

* Einweisung der Auszubildenden in die á la carte Gastronomie:

- Wein wird von links gereicht
- Fachbegriffe wurden eine Sekunde angeschnitten, aber nicht erklärt
- gesamte Zeit für die Einweisung waren zehn Minuten, danach durften die Auszubildenden um fünfzehn Uhr nach Hause

Daher würde ich so schnell wie möglich empfehlen, die Azubis ins Praktikum zu schicken, damit sie dort zumindest einfache fachliche Begriffe mitbekommen.

Schade, dass es mit diesem Bildungsträger so bergab geht, was der Ausbildungsbetrieb nicht verdient hat.

Und zu guter Letzt noch meine Aktennotiz, die auch in der Anlage des Briefes beilag:

Aktennotiz vom 20.01.2012

1. habe mit Hr. Hansel Anfang Januar 2012 über
die Möglichkeiten der Ausbildung gesprochen,
habe ihm dazu auch Bildmaterial gezeigt – er
meinte, dass er das ja machen könne - zum
heutigem Tag ist in dieser Richtung nichts passiert.

2. Am 11.01.2012 ließ er einen Tisch für die Vorbereitung Prüfungsessen vom Auszubildenden H.
eindecken. Auch hier musste ich fachliche Fehler
die den Auszubildenden des 1. AJ so von ihrem
Ausbilder gesagt wurden, ausbügeln, damit sie
sich diese Fehler nicht erst einprägen. (z.B.
Wein Hauptgang rechts unten anstatt als Richtglas über Hauptmesser, Wasserglas für Vorspeise hinter dem Glas für Hauptgang und Glas für
Dessert als Richtglas)

3. weibl. Auszubildende beschweren sich mehrfach
massiv bei mir über verbale Belästigung durch
Herrn Hansel, auch männl. Auszubildende be-

schweren sich über die verbalen Ausdrücke wie z.b. ihr Vögel – du Vogel (konkrete Beispiele liegen vor)

4. Auch dass laute beschimpfen von Auszubildenden im Gastbereich ist aus meiner Sicht unerhört – ich habe Hr. Hansel bereits im Dezember aus dem Gastraum geschickt (mit den Worten: "wenn er etwas zu klären hat, dann hinten und nicht vor den Gästen"

5. am 19.01.2012 hat Herr Hansel im Beisein eines Vertreters (Tisch 1) öffentlich (Tisch 10 weiterer Gast) zum verantw. der BvB (Tisch 12) lautstark gesagt „was machst du für ein bedeppertes Gesicht? Ach so... Polizei im Haus... Drogendelikt! Hahaha – Hr. S. hat anschließend eine Aussprache mit Hr. Hansel im Büro gesucht – schadet auch dem Ansehen vom Bildungsträger in der Öffentlichkeit.

6. am 20.01.2012 habe ich bereits am Morgen Hr. Hansel auf die prakt. Ausbildunglücken hingewiesen, da nicht nur ich der Meinung bin, dass die prakt. Ausbildung nur noch max. 15% von früher erfolgt. Ich habe ihn darauf hingewiesen, dass die Auszubildenden nach dem Eindecken für das Frühstück ca. eine Stunde Zeit haben, nach dem abräumen und neu eindecken für das Mittagessen ist ca. 1,5 Stunden Zeit und ab vierzehn Uhr nochmals ca. 1,5 Stunden Zeit zur praktischen Ausbildung. Ich merkte bereits, dass er sich eigentlich keine Hinweise geben lassen will.

7. Am Vortag redeten wir über die Gestaltung neuer Getränkekarten. Wir kamen überein, dass er die Artikel, Mengeneinheiten und Preise per Mail nach oben schickt und die Auszubildenden im Rahmen der kaufmännischen Ausbildung Hofas die neuen Getränkekarten mit einem Gastro-Designer neu erstellen.

Heute Morgen teilte er mir mit, dass er von zu Hause einen Gastro-Designer mitgebracht und auf seinen Rechner aufgespielt habe. Ich solle ihm nur die Vorlagen senden, dann würde er dies selbst machen. Ich sprach ihn auf das Gespräch vom Vortag an, und betonte gleichzeitig, dass die Gestaltung der Getränkekarten ein Ausbildungspunkt ist. Er solle lieber in dieser Zeit praktische Ausbildung machen.

8. Daraufhin ist er noch am Vormittag zu Frau Hager gefahren, um sich zu beschweren

   a. ich würde keine Unterstützung geben, sondern nur meine Sachen erledigen

   b. er könne mit uns nicht arbeiten

   Frau Hager hat daraufhin festgelegt, dass für den Bereich HoGa sofort ein neuer Stützlehrer zu suchen ist.

9. Hr. Hansel fragt Mitarbeiter, wie lange er die beiden **Penner** (Ausbilder Köche und Sozialpädagoge/Stützlehrer) bereits kennt – die beiden

machen ihn zur Zeit rund und er lässt sich das nicht gefallen und war deswegen bei Frau Hager.

10. Zu Mittag war Hr. Hansel dann in der Küche, um mit den Jugendlichen den Fisch fachgerecht zu braten (offensichtlich ist er der Meinung, dass der Kochausbilder dies nicht richtig vermittelt) obwohl Herr Herling selbst in der Küche war (dies war schon öfter der Fall). Nachdem Herr Hansel erneut sehr lautstark mit den Jugendlichen „sprach" verlangte Herr Herling, dass Herr Hansel die Küche verlässt, um in Ruhe mit den Jugendlichen arbeiten zu können.

11. Am Nachmittag hat Herr Hansel mit den Azubis gesprochen: sein Verhalten gerechtfertigt – aber den Druck jetzt rausnehmen will, er einen Streit mit dem Sozialpädagogen und Herrn Herling hatte, er sich dies aber nicht gefallen lässt, deswegen musste er zu Frau Hager. Das Gespräch bleibt aber im Raum war noch eine Anweisung.

Aus meiner Sicht (s. auch alte Protokolle) ist das Ausbildungsziel im Bereich praktische Ausbildung gefährdet. Ca. vier Auszubildende Hofa wollen ihre Ausbildung abbrechen, da sie der Meinung sind, hier (bei diesem Bildungsträger) nicht die notwendigen Ausbildungsinhalte vermittelt zu bekommen. Wenn allerdings aus dem AJ 2011 bereits fünf Auszubildende ausgeschieden und weitere vier dies aus mangelnder Ausbildung selbst tun wollen, dann sind es bereits 9!!! Auch haben mir mehrfach Auszubildende mitgeteilt, dass ihr Ausbilder (Herr Hansel) für sie kein Vorbild ist. Aus meiner Sicht sollte ein Ausbilder aber generell Vorbild sein.

Ich bin der Meinung, dass die Gesamtsituation seit dem letzten Gespräch im Dezember 2011 sich nicht verbessert, im Gegenteil verschlechtert hat. Um Möglichkeiten einer Verbesserung abzuwägen, wäre es sinnvoll, wenn der Niederlassungsleiter auch ein Gespräch mit den Auszubildenden und von mir zu benennende Kollegen führt.

Ich persönlich fühle mich mittlerweile durch die Art und Weise von Herrn Hansel und Frau Hager gemobbt. Es entsteht die gleiche Situation wie mit Herrn Moll (Negativgerüchte werden von Frau Hager auf dem Hof gestreut). Ich habe jedoch nicht vor, dieses Mobbing mit mir weiter geschehen zu lassen."

Nun wollte ich sehen, ob ein produktives Gespräch zustande kommt.

KAPITEL 34

Zwei Wochen später standen plötzlich der Niederlassungsleiter und sein Stellvertreter bei mir im Büro.

Sie begrüßten mich sehr freundlich und fragten wie
es mir geht. Ich dachte zuerst, sie wollen mich auf den
Arm nehmen. Aber der Niederlassungsleiter kam recht
schnell zur Sache und zu meinem Brief.

Er kam zunächst noch einmal auf die Kündigung von
Herrn Moll zurück. Nach meinen Brief sahen diese Herren die Situation etwas anders. Auch ihren Standpunkt
des zwangsweisen Ausscheidens des Herrn Moll revi-
dierten sie teilweise. Sie hätten sich bereits auch Gedanken gemacht, wie es mit der gastronomischen Ausbildung weitergehen soll. Und sie schlugen mir vor,
dass ich den Job des Projektleiters übernehme. Natürlich zusätzlich zu meinen bisherigen Aufgaben.

Wir unterhielten uns über Details meiner Vorschläge, die ich bereits seit einem Jahr eingebracht hatte, die aber in keinster Weise Berücksichtigung fanden.

Der Niederlassungsleiter bat mich, diese Vorschläge nochmals zu Papier zu bringen und an ihn zu übermitteln. Ich stimmte unter Vorbehalt zu. Denn ich hatte Bedingungen, die ich den beiden Herren mitteilte:

1. Es wird mir volle Handlungsfreiheit und volle Unterstützung   für eine anständige Ausbildung gegeben

2. Frau Hager wird über diese neue Situation von ihnen aufgeklärt und

3. die Kollegen im Bereich gastronomische Ausbildung werden über die Vereinbarungen in Kenntnis gesetzt und Herr Hansel wird gleichzeitig informiert, dass er nicht mehr Projektleiter ist.

Damit waren beide einverstanden und wir vereinbarten ein weiteres Gespräch in zwei Tagen in der Niederlassungsleitung. Ich schickte meine Vorschläge noch am gleichen Tag zum Niederlassungsleiter.

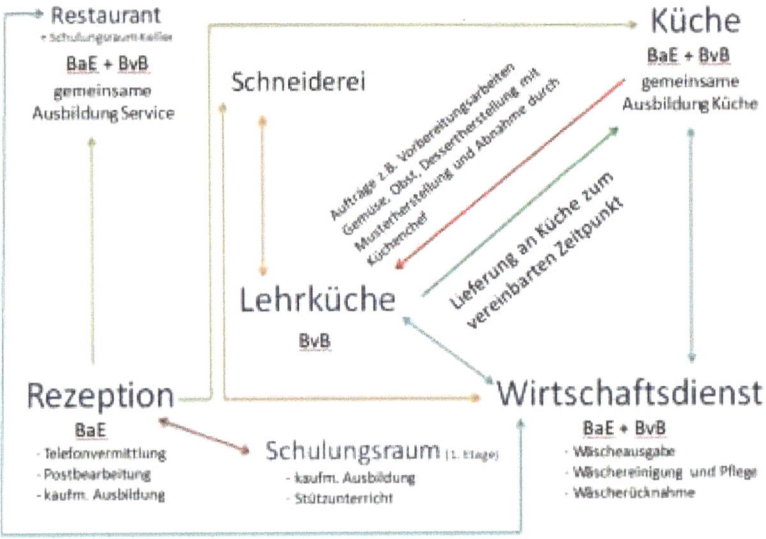

Ausbildungsstruktur HoGa

Um es kurz zu machen, alle Vereinbarungen wurden erfüllt. Nur mit der Unterstützung war das so eine Sache - die fand einfach nicht den Weg in die gastronomische Ausbildung. Und die vorgeschlagene Ausbildungsstruktur wurde nie komplett umgesetzt.

Ich stand also weiterhin alleine da. Einziger Erfolg: Ich konnte ab diesem Zeitpunkt etwas vernünftiger mit den Kollegen zusammenarbeiten.

Ab diesen Zeitpunkt konnten wir die ersten Erfolge für uns verbuchen. Einige Auszubildende des Hotelfachs wurden von ihren Praktikumsbetrieben in eine feste Ausbildung übernommen. Weitere Azubis konnten in Praktika vermittelt werden. Dafür hatten wir uns entsprechende Partner in 4 und 5-Sterne-Hotels gesucht.

Natürlich lief nicht alles so glatt wie es sich anhört. Die Arbeit in Form der Ausbildung musste natürlich auch in unserem Ausbildungsrestaurant weitergehen. Hier hatte ich einen Kollegen, den Küchenchef der mich einmal fragte, ob er denn zukünftig allein arbeiten soll? Natürlich mussten wir uns neu organisieren. Wir banden einfach die Jugendlichen der Berufsvorbereitung enger in unsere Arbeit ein. Sie bekamen dadurch eine größere Chance mehr fachliche Inhalte zu erlernen. Und außerdem hatten wir auch noch Azubis, die nicht so leicht zu vermitteln waren.

KAPITEL 35

Eines Tages kam Mhamut, ein Hofa-Azubi aus dem zweiten Ausbildungsjahr ganz aufgeregt zu mir. Seine Worte sprudelten vor Aufregung nur so aus seinem Mund. Ich hatte Probleme, ihn zu verstehen. Also musste ich Mhamut erst einmal beruhigen. Irgendwann fand er dann seine Ruhe und normale Stimme wieder. Er erzählte von seiner Meinung nach rassistischen Äußerungen des Serviceausbilders. Er fand einen Zettel, geschrieben von Herrn Hansel auf dem stand: „Mhamut ist ein dürrer schwarzer Hund".

Ich muss zugestehen, dass mich diese Worte schockierten. Ich konnte Mhamut auch nicht zurückhalten, sich beim Jobcenter zu beschweren. Dies hatte entsprechende Folgen.

Herr Hansel wurde von mir mit den Aussagen konfrontiert. Er sah das immer noch sehr spaßig und verstand die ganze Aufregung nicht.

Das sollte sich aber schnell ändern. Der Niederlassungsleiter kam persönlich in den gastronomischen

Ausbildungsbereich. Da er sich telefonisch angekündigt hatte, bekam Herr Hansel die Gelegenheit eine schriftliche Stellungnahme zu fertigen.

Diese konnte er dann sogleich dem Niederlassungsleiter übergeben. Er musste auch seinen Ausbilderplatz räumen, da das Jobcenter vom Unternehmen verlangte, dass Herr Hansel nicht mehr für Maßnahmen des Jobcenters eingesetzt werden darf.

Es musste also ein neuer Ausbilder her. Bis dahin übernahm ich wieder einmal zusätzlich die Rolle des Ausbilders.

Wie ich später mitbekam, unterrichtete Herr Hansel erneut in der Niederlassung in verschiedensten Maßnahmen, natürlich auch in Maßnahmen des Jobcenters. Was interessiert den Bildungsträger das Verlangen bezüglich des Personaleinsatzes? Nichts! In all den Jahren, die ich bei diesem Bildungsträger war, fand nie eine Kontrolle unseres Ausbildungsbereiches durch das Jobcenter statt.

Herr Hansel wurde übrigens auf Bestreben der Ausbildungsleiterin Frau Hager weiterbeschäftigt. Für mich
stellte sich an dieser Stelle die Frage: Welche Macht
hat Frau Hager, wenn sogar die Herren der Niederlassungsleitung vor ihr einknicken? Was wusste sie, was
niemand erfahren durfte?

Herr Hansel war übrigens immer noch dort beschäftigt, als ich bereits dem Unternehmen nicht mehr ange-
hörte.

KAPITEL 36

Nach ca. drei Wochen brachte mir ein Azubi die Unterlagen von fünf Bewerbern (natürlich im verschlossenen Umschlag) für die Stelle des Ausbilders mit. Ich hatte also die Aufgabe, einen Bewerber herauszufiltern. Ich nahm mir noch am gleichen Nachmittag die Zeit und studierte diese Papiere.

Nach zwei Stunden hatte ich alles erledigt und nahm mir vor, noch einen Tag bis zur Entscheidung zu warten. Ich hatte schließlich zwei Kandidaten herausgefiltert.

Am nächsten Tag hatte ich mich entschieden, nahm die Unterlagen und fuhr zur Niederlassung. Dort angekommen übergab ich dem Niederlassungsleiter die Unterlagen und teilte ihm meine Entscheidung mit. Es war ein Kandidat mit langjährigen Erfahrungen als Ausbilder in der Gastronomie, Hotellerie und auch im überbetrieblichen Ausbildungsbereich.

Der Niederlassungsleiter wurde plötzlich ganz still. Nach ein paar Minuten bat er mich mitzukommen. Ich ahnte nichts Gutes. Wir betraten das Büro des stellv. Niederlassungsleiters und welche Überraschung, er war nicht allein. Ihm gegenüber sah's ein Herr im Anzug, dem Aussehen nach war er ein Kollege aus dem südländischen Raum, geschätzt bis Marokko oder Tunesien. Wobei ich später erfuhr, ich hatte ins Schwarze getroffen, er war aus Tunesien. Meine beiden Chefs stellten den Herrn als den neuen Ausbilder vor. Er hieß Youssef, war von Beruf Hotelbetriebswirt und hatte seine Ausbildung in Tunesien absolviert. In Deutschland hatte er den Ausbilderschein noch nachgeholt.

Nun seis drum, ich hatte mich wieder einmal zu sehr in meine mir übertragene Aufgabe reingehängt.

Die Messen waren gelesen, man hatte sich wieder einmal ohne mich entschieden und ich konnte nur noch gute Miene zum aktuellen Spiel machen.

Herr Youssef konnte ja nichts dafür.

Nach einem ersten kurzen Gespräch, bei dem ich als Projektleiter vorgestellt wurde, machten wir uns auf den Weg zu seinem neuen Arbeitsplatz. Unterwegs erzählte er Einiges von sich, seiner Ausbildung und was er bisher gemacht hatte. Gleichzeitig erfuhr ich jetzt von ihm, dass er nur eine 32 Stunden Arbeitswoche hat. Zunächst war ich darüber erschrocken, denn unsere Ausbildung ist in Vollzeit ausgelegt. Wer wird also die restlichen acht Stunden pro Woche ausbilden? Den Grund für diese Entscheidung, die ich wieder einmal nicht von meinen Vorgesetzten erfuhr, bekam ich dann in unserem Ausbildungsrestaurant mit. Und die Antwort konnte ich mir auch gleich selbst geben, der „Resteausbilder" war wieder einmal ich.

In unserem Arbeitsbereich angekommen, stellte ich ihn erst einmal den anderen Kollegen vor. Dann begann der Rundgang durch unseren Ausbildungsbereich.

Jetzt erfuhr ich auch, dass Herr Youssef noch nie praktisch ausgebildet hat. Er bat mich in diesem Zusammenhang auch gleich um entsprechende Unterstützung. Wie ich im Laufe der Zeit feststellte, war dies auch sehr nötig. Aber, wir verstanden uns dennoch sehr gut.

Ich machte ihn mit allen Ausbildungsunterlagen vertraut und am nächsten Tag lernte er die Auszubildenden kennen. Er war sehr bemüht, den Anforderungen an einen Ausbilder gerecht zu werden. Das war auch der Grund, warum er nach recht kurzer Zeit den ersten Gegenwind vom Kochausbilder bekam. Dieser konnte es nicht verstehen, wenn ein Ausbilder Auszubildende auch intensiv ausbildet.

Er machte es sich auch zur Aufgabe, das sogenannte Ausbildungshotel aufzusuchen. Da ich die beiden Auszubildenden, die aktuell in diesem Hotel eingesetzt waren bereits seit einigen Wochen nicht gesehen hatte, fuhr ich einfach mit.

Im Ausbildungshotel zur Mittagszeit angekommen, fanden wir tatsächlich fünf Gäste im Restaurant.

Unsere beiden Auszubildenden, Tanzey und Tenny standen gemeinsam mit dem Hoteldirektor am Tresen.

Tanzey zapfte für die Gäste Bier und Tenny brachte es an den Tisch. Wir setzten uns an einen Tisch in der Nähe des Tresens. Der Hoteldirektor setzte sich zu uns und ich stellte unseren neuen Ausbilder vor. Gleichzeitig beobachteten wir unsere beiden Azubis bei der Arbeit.

Wir machten den Hoteldirektor auf die Fehler beim Bierzapfen aufmerksam. Tanzey füllte die Gläser nur bis unter dem Füllstrich. Der Hoteldirektor meinte nur lapidar: „Das ist schon in Ordnung". Auf die Frage nach einer fachgerechten Ausbildung konnte er keine Antwort mehr geben, da ein Klingeln aus der Küche kam. Das konnte nur bedeuten, dass das Essen für die fünf Gäste fertig ist.

Nun wurde die Ausbildung in diesem Hotel ganz verrückt.

Der Hoteldirektor holte einen Servierwagen und schob diesen an die Küchenluke hinter dem Tresen. Die Luke öffnete sich und es wurden fünf Teller für die Gäste am ersten Tisch rausgereicht. Die beiden Azubis stellten die Teller auf den Servierwagen, drei oben und zwei unten. Wir trauten unseren Augen kaum, denn der

Servierwagen wurde vom Hoteldirektor im Beisein unserer Azubis zum Gasttisch geschoben. Tanzey und Tenny stellten die Teller dann an den jeweiligen Platz der Gäste. Anschließend ging es mit dem Servierwagen zurück.

Unser Fazit war: Eine ordentliche Ausbildung für unsere Hotelfachleute findet hier wohl kaum statt.

Nach etwa einer halben Stunde musste Tanzey noch drei Zimmer für neue Gäste vorbereiten. Wir gingen einfach mit auf die Etage um zu sehen, wie hier die Ausbildung stattfand.

Was ich erwartete, traf auch ein. Tanzey zeigte uns sein Arbeitsmaterial für die Reinigung. Das bestand aus einem kleinen Plastikeimer, ein allgemeines Reinigungsmittel und zwei Putztücher (für alle Oberflächen). Dazu ein Staubsauger und ein Staubwedel.

Auf die Frage womit er das Bad inkl. Toilette, die Möbel und die Fenster reinigt sagte er: „Na mit den zwei Putztüchern". Dies entsprach noch nicht einmal den hygienischen Mindestanforderungen, geschweige denn einer ordentlichen Ausbildung.

Ich sagte zu unserem Ausbilder: „Wir sollten zurückfahren, wir haben genug gesehen". Wir verabschiedeten uns noch vom Hoteldirektor mit den Worten: „Die Azubis werden morgen nicht mehr kommen" Mit Unverständnis verabschiedete er sich auch. Zum Schluss informierten wir noch unsere beiden Azubis darüber.

Wir fuhren also zurück zur Ausbildungsstätte und schrieben umgehend unseren Bericht über den Besuch im sogenannten Ausbildungshotel für unseren Niederlassungsleiter.

Zwei Tage später wurde ich gebeten, diesen Bericht noch einmal persönlich zu kommentieren, da zwischenzeitlich der Hoteldirektor angerufen hatte und sich auch gleich über uns beschwert hat.

Als ich in der Niederlassung ankam, wurde ich von der Ausbildungsleiterin, Frau Hager mit den Worten begrüßt: „Na was haben sie jetzt schon wieder angestellt? Geben sie denn niemals Ruhe?". Ich ließ mich auf keine Diskussion mit ihr ein und ging gleich in das Büro des Chefs. Dort saß auch bereits sein Stellvertreter, der persönliche Freund des Hoteldirektors.

Ich beschrieb noch einmal unsere Eindrücke und schloss mit den Worten: „In dieses sogenannte Ausbildungshotel ohne Ausbilder werden von uns keine Azubis mehr geschickt. Sollte dies dennoch passieren, werde ich persönlich die IHK über diese Zustände informieren".

Der Stellvertreter versuchte mich zur „Vernunft" zu bringen, was ihn aber nicht gelang.

Damit war das Kapitel Ausbildungshotel erledigt.

KAPITEL 37

Das war auch der Beginn eines neuen Zeitabschnittes meiner Arbeit bei diesem Bildungsträger.

Ab sofort wurden wir von unseren Chefs ignoriert und die Ausbildungsleiterin hatte wieder Oberwasser. Diesmal standen auf der einen Seite der Herr Herling, der Kochausbilder gemeinsam mit der Ausbildungsleiterin, Frau Hager und auf der anderen Seite Herr Youssef und ich.

Jetzt wurde Frau Hager wieder über alles durch Herrn Herling informiert und ich wurde sehr vorsichtig mit allem was ich zum Ausdruck bringen wollte.

Die Motivation unserer Auszubildenden und der Teilnehmer der Berufsvorbereitung sank erneut massiv ab. Wir konnten keinen Tag mehr mit dem vollen oder auch Mindestbestand an Azubis rechnen, um unseren gastronomischen Ausbildungstag zu bewältigen.

Gleichzeitig verletzte sich unser Serviceausbilder auch noch am Bein und musste mit Gehhilfen zur Arbeit kommen.

In dieser Zeit wollte die Arbeitsagentur Berlin eine Tagung bei uns veranstalten. Hierzu gehörte natürlich auch die gastronomische Versorgung.

Hierfür fanden am Vortag alle Vorbereitungen statt. Es war also bei unseren Azubis bekannt, was am nächsten Tag für eine Aufgabe auf uns wartet.

Am darauffolgenden Tag war ich wie immer kurz vor sieben auf Arbeit. Herr Youssef war bereits da und Herr Herling kam wie immer erst später.

Also sprachen wir über den Tagesablauf und warteten auf die Azubis. Doch da sollten wir vergebens warten. Es kam an diesen Tag nur ein Teilnehmer der Berufsvorbereitung für den Bereich Service und zuletzt noch der Kochausbilder mit zwei Teilnehmern der Berufsvorbereitung (BvB) für die Küche.

Das war also heute unser Mitarbeiterbestand. Okay sagte ich, fangen wir an.

Wir erstellten einen neuen Arbeitsplan. Der junge Mann erledigte heute den Service für die Tagung der Arbeitsagentur und teilweise für die Gäste im Restaurant. Herr Youssef mit Gehhilfen unterstützte den BvB-ler im Service so gut es eben mit Gehhilfen funktioniert. Ich selbst übernahm alle Arbeiten im Bereich zwischen Restaurant und Küche.

Nach dem Mittagessen wollten die Mitarbeiter der Arbeitsagentur unsere Einrichtung besichtigen. Natürlich fiel auf, dass keine weiteren Azubis anwesend waren. Und hier kam dann die Peinliche Frage: „Wie viele Auszubildende wir aktuell ausbilden"? Die Antwort musste lauten: „Zur Zeit bilden wir vierzehn Azubis in drei gastgewerblichen Berufen aus". Natürlich kam die nächste Frage:" Und wo sind die heute"?

Die Peinlichkeiten gingen noch weiter, aber wir hatten Glück und die Tagung ging weiter und wir konnten nach acht Stunden den Arbeitstag doch noch abschließen.

KAPITEL 38

Es war wieder einmal September und es begann alles von vorne. Vierundzwanzig neue Azubis, die meisten im Hotelfach, aber auch Fachkräfte im Gastgewerbe und Köche. Das hieß für mich, wieder neue, aber
auch schwierige Namen lernen.

Zwischenzeitlich haben einige Azubis die Kochausbildung hingeschmissen. Sie hatten keinen Bock mehr,
sich eine Ausbildung anzutun, bei der sie im Grunde
sehr wenig lernen. Aber selbst dieser Schritt war für
unseren geschätzten Kochausbilder kein Problem.

Im Bereich Service ging es langsam wieder bergauf.
Die Ausbildung konnte stabilisiert und interessanter
gestaltet werden. Zusätzlich suchten wir noch mehr
interessante Hotelbetriebe, die unsere Azubis zunächst
als Praktikanten und möglichst ab dem zweiten Ausbildungsjahr als eigene Auszubildende übernehmen.

Das war der Plan.

In diesem Jahr hatten wir die jüngsten Auszubilden-den, die wir je hatten. Einer der beiden Jungs war erst 17 Jahre und der andere sogar erst 16 Jahre jung.

Diese jungen Menschen hatten bisher keine Chance, sich auf dem ersten Ausbildungsmarkt richtig zu be-werben, denn sie waren gerade mit dem Realschulab-schluss aus der Schule entlassen worden.

Aber wir hatten ja geplant, alle über ein Praktikum in eine betriebliche Ausbildung übergehen zu lassen.

Die entsprechenden Betriebe waren vorhanden und wir begannen mit der entsprechenden Vorbereitung.

Wieso Vorbereitung? Wir mussten mit den jungen Menschen erst einmal über Kernkompetenzen, die von den Hotelbetrieben ja erwartet wurden, reden. Also: Pünktlichkeit, Zuverlässigkeit, Ausdauer aber auch an-gemessenes Selbstwertgefühl und Selbstvertrauen entwickeln.

Zusätzlich versuchten wir, unsere Auszubildenden auch fachlich auf eine weitere Ausbildung in der „wahren" Ausbildungswelt vorzubereiten. Leider gelang uns dies nicht immer.

Nach ca. einem halben Jahr fuhr ich mit jedem einzelnen zu den ausgesuchten Hotels, damit sich die Azubis ein eigenes Bild machen konnten. Außerdem hatten sie die Möglichkeit sich mit den Hoteldirektoren direkt zu Themen der Ausbildung zu unterhalten. Alle vorgestellten Azubis wurden in ein Praktikum übernommen. Aber, es lief natürlich nicht alles glatt.

Unsere zwei jüngsten Azubis wurden in ein kleineres 4-Sternehotel vermittelt. Der Hoteldirektor des Familienhotels konnte sehr gut mit jungen Menschen umgehen. Ein Kochauszubildender hatte hier auch schon seinen guten Abschluss gemacht und wurde von diesem Haus übernommen.

Am Tag vor Beginn des Praktikums wurde mit Beiden noch einmal alles durchgesprochen, und wir konnten sie mit gutem Gewissen in das Hotel entlassen.

Bis zum nächsten Morgen. Limai der jüngere von Beiden sollte neun Uhr im Hotel zur Einweisung sein. Doch gegen zehn Uhr rief der Hoteldirektor an und informierte, dass der Azubi noch nicht im Hotel angekommen sei.

Ich versuchte also Limai auf seinem Handy zu erreichen. Nach dem dritten Versuch rief Limai dann zurück. Seine Stimme klang sehr zittrig. Auf Nachfrage wo er denn sei, antwortete er: „ Ich habe mich verlaufen und weiß nicht mehr wo ich bin". Per Telefon lotste ich ihn dann zum Hotel. Der zweite Azubi sollte dann zu zehn Uhr im Hotel sein. Jetzt dachte ich: „Alles in Ordnung" und wandte mich den anderen Aufgaben zu.

Am nächsten Morgen standen plötzlich beide Azubis wieder im Ausbildungsrestaurant. Unsere Gesichter wurden immer länger, als beide erzählten, warum sie nicht im Hotel sind.

Die Gründe waren ganz einfach, der Weg ist für den ersten zu kompliziert und für den zweiten zu weit.

Was soll man mit solchen Jugendlichen machen? Beide hatten die Chance, in eine betriebliche Ausbildung übernommen zu werden und eine sehr gute Ausbildung zu erhalten.

Was sollten wir nur tun? Erst einmal bei dem Hoteldirektor entschuldigen und dann diese beiden wieder in unsere Obhut übernehmen.

Aber das waren in diesem Jahrgang nicht die einzigen Überraschungen.

Jeder weiß, dass in diesem Gewerbe auch am Abend, am Wochenende und auch Feiertags gearbeitet werden muss. Immer arbeiten, wenn andere feiern wollen.

Das waren immer unsere ersten Hinweise, wenn sich die Jugendlichen vor Beginn der Ausbildung bei uns vorstellten.

Ein anderer Azubi, Atia wurde in einem anderen großen 4-Sternehotel als Praktikant aufgenommen. Die ersten Wochen verliefen auch sehr gut. Er bekam viel Lob für seine Arbeit. Doch dann ging es auf Weihnachten und dem Jahreswechsel zu. Das hieß auch mal am Wochenende und Feiertag arbeiten.

Das war für Atia zu viel. Er sollte an Tagen arbeiten, an denen wo er selbst feiern wollte? Das ging nicht, und dies teilte er auch so dem Ausbilder des Hotels mit. Hier halfen auch keine Gespräche. Atia blieb bei seinem Vorhaben, an diesen Tagen nicht zu arbeiten.

Der Praktikumsvertrag wurde also vom Hotel aufgelöst und Atia kam zu uns zurück. Sein zukünftiger Ausbildungsplatz ab dem zweiten Ausbildungsjahr war damit verloren. Ein junger Mann aus einem früheren Ausbildungsjahr und ein Umschüler sind noch immer im Hotel als Facharbeiter beschäftigt.

Und so ging es ständig weiter. Wir versuchten die Jugendlichen in gute und sehr gute Hotels zu vermitteln, damit sie eine ordentliche Ausbildung bekommen. Aber fast jede Mühe war vergebens.

Ein weiteres großes Problem war die Pünktlichkeit und insbesondere auch die Anwesenheit. Bei einigen Azubis schossen die Fehlzeiten gewaltig in die Höhe. Eine Auszubildende hatte eine Fehlzeit in der Berufsschule von 90 Prozent. Andere in der Ausbildung bis 60 Prozent.

Eine Zulassung zur Prüfung war damit nicht möglich.

Was sollten wir also tun? Die Azubis hatten kein Durchhaltevermögen in der Ausbildung, kamen sehr oft zu spät oder kamen gar nicht zur Ausbildung.

Nach einigen Tagen kam uns eine grandiose Idee. Wir luden den Verantwortlichen für die gastronomischen Berufe der IHK Berlin ein. Unser Ziel war es, dass die Azubis endlich aufwachen und ihre Ausbildung ernst nehmen. Hierzu holten wir auch die restlichen Azubis, die noch im Praktikum waren, für diesen Tag zurück.

Der Mitarbeiter der IHK kannte um das Thema und war sehr optimistisch.

Erst einmal sprach er von den Anstrengungen der Ausbildung, auch mit Verständnis für die Jugendlichen. Danach wurde von ihm verdeutlicht, was mit einer abgeschlossenen Berufsausbildung alles erreicht werden kann. Zum Schluss erläuterte er an seiner Person, wie er seine berufliche Laufbahn begonnen und bis heute fortgesetzt hat.

Als er mit seinem Vortrag fertig war, passierte es. Ein Azubi, der Jüngste in der Runde, der bereits sein Praktikum nach einem Tag abgebrochen und ein „wahnsinniges" Durchhaltevermögen bewiesen hat, stand auf und sagte zu dem Mitarbeiter der IHK: „Wissen sie, ich sitze garantiert sicherer im Sattel als sie"!

Allen blieb der Mund offenstehen. Wir fanden keine Worte mehr. Selbst der Kollege von der IHK konnte hierzu nichts mehr sagen.

Nach der Veranstaltung sagte er: „So etwas dreistes hat er in fünfundzwanzig Jahren als Mitarbeiter der IHK noch nicht erlebt".

Letztendlich kam auch bei dieser Veranstaltung nicht viel raus.

KAPITEL 39

Einen Tag später kam die Krankmeldung von Herrn Youssef. Also blieb die Ausbildung wieder einmal an mir hängen. So ging es noch drei Monate weiter und es trat keine Besserung ein. Dann bekkam auch unser Serviceausbilder Herr Youssuf die Kündigung.

Langsam kam ich an den Rand meiner Kräfte. Und ich hatte auch bald keine Lust mehr, mich für dieses System der Ausbildung mit den gegensätzlichen Forderungen des Jobcenters und des Bildungsträgers aufzuopfern und die Azubis auch wenn sie ständig fehlten in der Ausbildung zu halten. Denn auf der anderen Seite Stand die Forderung der IHK, diese Auszubildenden nicht mehr zur Prüfung zuzulassen.

Die IHK verlangte immer eine Stellungnahme, wenn wir Azubis mit hohen Fehlzeiten zur Prüfung zulassen wollten. Das war aber nicht das Problem meiner Chefs oder der Ausbildungsleiterin sondern meines.

In dieser Zeit kam erneut ein neuer Ausbilder für den Bereich Hotelfachleute und Fachkräfte im Gastgewerbe.

Diesmal hatten wir Glück, denn ich kannte den Kollegen von einem anderen Bildungsträger. Es war Hanno, ein etwas älterer Kollege aber sehr kompetent.

Mit ihm habe ich noch etwa drei Monate zusammengearbeitet. Dann wurde ich auch krank. Der Stress hat mich doch noch angegriffen.

Mein Vertrag lief wie immer im August aus und damit trat eine Erlösung ein. Ich musste nicht mehr zu diesem Bildungsträger.

Wie ich später erfuhr, wurde der Bereich Ausbildung nur noch ein Jahr weitergeführt. Dann ist das Jobcenter offensichtlich aufgewacht und hat diesem Träger keine Maßnahmen zur überbetrieblichen Ausbildung mehr gegeben.

EPILOG

Was habe ich nach dieser langen Zeit im Bildungs-bereich gelernt:

Fast jeder zweite Schulabgänger gilt als "nicht aus-bildungsreif" und muss vor Vermittlung in eine Lehrstel-le zusätzliche Fördermaßnahmen absolvieren. Dies geht aus dem Entwurf des "Berufsbildungsberichts 2010" der Bundesregierung hervor, der der Deutschen Presse-Agentur dpa vorliegt.

Zwar sei die Zahl der von der Bundesagentur für Ar-beit als "nicht ausbildungsreif" eingeschätzten Jugend-lichen zwischen 2005 und 2008 wieder leicht zurück-gegangen - und zwar von 55 Prozent auf 47,3 Prozent. Doch gebe es für diese Gruppe der Schulabgänger immer noch erhebliche Probleme bei der Ausbildungs-platzvermittlung.

"Nach wie vor erreicht eine große Zahl junger Menschen weder den Schulabschluss noch eine vollqualifizierende Ausbildung", heißt es in dem Bericht. Die deutsche Wirtschaft werde aber wegen der geburtenschwachen Schulabgängerjahrgänge "schon bald jeden jungen Menschen brauchen".

Fazit: Eigentlich werden Bildungsträger für die überbetriebliche Ausbildung dringend benötigt damit dem Fachkräftemangel entgegengewirkt werden kann. Jetzt sollten die Politik und auch die entsprechenden Behörden den Finger in die Bildungswunde legen. Es ist an der Zeit, dass Bildungsträger mit entsprechendem staatlichem Auftrag auch kontrolliert werden, und das mehr denn je. Die Qualität muss sich gravierend verbessern.

Der Bildungsliberalismus in der Bundesrepublik Deutschland ist nicht mehr zeitgemäß. Das heutige gesellschaftliche Leben, aber auch die Globalisierung der Wirtschaft fordert einen Bundeseinheitlichen Lehrplan. Andernfalls werden einige Bundesländer keine Fachkräfte „produzieren" oder viel, viel teurer für unnötige

Nachqualifizierungen bezahlen müssen. Vom Eingriff in die Lebensbiographien der Jugendlichen ganz zu schweigen.

Warum werden Maßnahmen wie überbetriebliche Ausbildung oder berufsvorbereitende Projekte benötigt? Weil der Bildungsauftrag in Deutschland nicht mehr im vollen Umfang und in einer hohen Qualität ausgeführt wird. Denn sonst würden auch leistungsschwächere Schüler auf einem Stand gebracht um den Anschluss nicht zu verlieren.

Die Bildungspolitik in Deutschland benötigt dringend eine Reformation.

Vier Dinge im Leben kommen nicht mehr zurück:

Die Tage, die Du erlebt hast.

Die Erfahrungen, die Du gemacht hast.

Die Worte, die Du benutzt hast.

Und die Chance, die Du verpasst hast!

Was soll ich sagen: Ich bin auch heute wieder bei einem Bildungsträger tätig. Auch hier läuft nicht alles so glatt wie man es sich wünscht. Aber es ist nicht mehr ganz so schlimm. Dieser Bildungsträger kümmert sich nicht nur um eine gute Ausbildung, sondern nimmt auch die Fürsorgepflicht für die Mitarbeiter wahr. Nach dem Motto: „Wenn es dem Mitarbeiter gut geht, geht es dem Auszubildenden gut und dem Unternehmen geht es dann auch gut". Das lässt mich auf eine positive Entwicklung hoffen.

Ich denke, es wird mein letzter Bildungsträger bis zum Renteneintritt sein, und das sind nur noch etwa vier Jahre.

Wie ich zu Beginn meines Buches bereits geschrieben, sollen meine Erfahrungen keine generelle Abrechnung mit Bildungsträgern sein. Ich habe auch zwei Bildungsträger kennengelernt, bei denen die Strukturen stimmten, die öffentlichen Mittel fach- und sachgerecht eingesetzt wurden und die Ausstattung der Einrichtung für die Ausbildung adequat waren. Hier wurde auch eine gute bis sehr gute Ausbildung durchgeführt. Der einzige Mangel war immer und das ist er bis heute die Bezahlung. Für diese Tätigkeit muss man immerhin studiert haben und das für einen festgelegten Mindestlohn.

DANKSAGUNG

Ich möchte den folgenden Personen meinen aufrichtigen Dank aussprechen:

An erster Stelle meiner Frau, die mich immer wieder ermutigt hat, dieses Buch zu schreiben. Auch hat sie mich in meiner Laufbahn immer mit Energie und Zuwendung begleitet.

Mein Dank gilt auch Herrn Burkhard Heidenberger vom Portal zeitblueten.com und Herrn Dr. Uwe Dörwald, Literaturwissenschaftler / Editor und Journalist- für die Genehmgung der Einbindung ihrer Beiträge.

Und schließlich meinen Freunden, die auch meine ersten Leser waren und mich ermutigten, dieses Buch zu veröffentlichen.

FSC
www.fsc.org
MIX
Papier | Fördert
gute Waldnutzung
FSC® C083411

Zeitfracht Medien GmbH
Ferdinand-Jühlke-Straße 7
99095 Erfurt, Deutschland
produktsicherheit@kolibri360.de